苫米地英人コレクション

01

洗脳護身術

苫米地英人

序章

本書は、洗脳の方法を具体的に解説した本である。洗脳の方法論を開示した書籍は世界的にも珍しいだろう。なぜなら、このような技術の開示は悪用される危惧があるからだ。にもかかわらず、本書の出版の必要性を感じたのには、二つの理由があった。

一つは、日本社会の現状を見ると、洗脳技術がカルトや悪徳商法者たちに簡単に手に入る時代となっており、日本人皆が対洗脳の知識を身に付ける必要があると強く感じたからである。カルトや一部のセミナーグループなどでは、自然保護や健康食品といった一見、誰にでも受け入れられる事柄に洗脳技術を巧妙に取り入れたり、花粉や電磁波による被害など日常にありふれた事柄を必要以上に煽ることで恐怖感を植え付け、資金や信者を集める事例が急増している。

これらの事例に対して、私は以前『洗脳原論』で、洗脳の理論的背景と「脱洗脳」の過程を解説し、対洗脳の知識を伝えて、社会に警鐘を鳴らしたことがある。しかし実際には、これだけでは情報の開示が足りないと考えるに至った。というのも、脱洗脳は洗脳よりも遥かに難しい。洗脳の方法を具体的に説明せずに、脱洗脳を説明することは、もともと正しいアプローチではなかったのだ。そこで本書では、単に洗脳の手法を解説するにとどまらず、実際に洗脳技術（本書では洗脳護身術と呼ぶ）を、ステップバイステップで学べるよう配慮してある。つまり、本書を読んで自らが洗脳者レベルの技術をもって、悪意ある洗脳者から己を守ってほしいというわけだ。

もちろん、これまで軍事関係者の一部や、洗脳関連分野の心理学者や脳機能学者のごく一部にしか知られていなかった技術を一般書として発刊するのだから、批判があるのは想像に難くない。『洗脳原論』で具体的な洗脳方法を記述しなかったのも、そういう配慮からだ。しかし、ここ近年のカルトの隆盛を見るにつけ、そうもいっていられなくなってきた。

正直いうと、本当に洗脳技術を入手したければ、方法がないわけではない。海外の文献を紐解けばそれに類した記述に行き当たるだろうし、高額だが洗脳法に近いセミナーも開講されている。オウムでは、かつて冷戦時代にＣＩＡ予算でカナダの病院で行われていたＬＳＤ[※2]使用の洗脳人体実験の報告書もしくは、この実験を批判する文書の原書を手に入れた可能性が高いし（詳細は翻訳書『ＣＩＡ洗脳実験室』[※3]を参照されたい）、北朝鮮では、旧中国共産党の洗脳法が踏襲されているといわれている。

洗脳の知識がない一般市民は、カルトや洗脳的手法を用いた街頭でのキャッチセールス、悪徳占い師、経済詐欺などの勧誘に、全くの無防備といっていい。そこで本書を読むことで、洗脳に対する予備知識を獲得すれば、それらの危険に対処できるのではないだろうか、と考えたのである。つまり、暴漢に襲われたときのために、武道を習うのと同様に、護身術として洗脳法を学ぶのだ。


二つ目の理由は、もっと積極的なところにある。本書を読んで皆さんにぜひ、脱洗脳を体得していただきたいのである。ここでは脱洗脳といっても、他人に洗脳された第三者を助ける技術ではない。自らを脱洗脳する技術のことである。これを聞いて「私は洗脳などされていない」と思う人もいるかもしれないが、果たしてそうだろうか？　我々は何者かによって、いつの間にか洗脳されている可能性を常に否定できない。この場合、それが悪意にもとづいて施されたものとは限らない。例えば、善意で埋め込まれた行動の規範が、皆さんを縛っているということはないだろうか？

我々は教育や家庭、社会、メディアなどから意識的に、または知らず知らずのうちに知識や、自分の思考パターンを形成している。これらは通常、洗脳とは呼ばない。というのは、教育やメディアの情報伝達手法が洗脳的であっても、第三者から第三者への一方的な利益のために行われなければ、定義上洗脳とはいわないからだ。従って、教育や家庭での躾、公共の電波での放送などによる情報の影響は民主国家においては定義上洗脳とはいわない。それでも、これらの教育やメディア、そして社会倫理や規範に、我々が知らず知らずのうちに束縛されているということはないだろうか？

本書の技術を活用すれば、それが善意によるものか否かにかかわらず、すべての自己に埋め込まれた思考のパターンや価値観から、洗脳なのか教育なのかに関係なく、一度、自らの意志と力で完全に自由になれる。この技術を皆さんにマスターしてほしいのだ。

なぜ、一度自らの意志と力で自由になることに価値があるのだろうか？

例えば、フセイン政権下のイラクや現在の北朝鮮、そして第二次大戦敗戦までの日本での学校教育などを考えてみてほしい。その国に住む当時者にしてみれば、物心が付く前から、その国の価値観を躾や教育で刷り込まれているわけだから、自分が洗脳されているかどうかなど知るよしもない。確かに世界的なレベルから見れば、これらの国で行われているのは洗脳というべきなのだが、当事者には知りようがない。

教育の本質は、第三者の利益のためではなく、本人の利益のためである。そのため本来、教育は洗脳とはいえない。しかし、国家のレベルを超えて見たとき、本当にその国の教育が本人の利益のためであり、第三者の利益のためでないかどうかは、気を付ける必要があるだろう。自身では教育だと思っていたのに、世界レベルでは洗脳だったということがある。現時点では、北朝鮮がこれに当てはまるだろう。そして将来、何らかの理由で我が国がそのような国家になってしまっていたとしても、当事者である我々は、なかなか気が付かないだろう。

現実問題として、世界の共通価値となった二十世紀型資本主義やアメリカ的民主主義が、二十五世紀ぐらいの歴史書で誤った価値観であるとされ、戦後の日本や今年解放されたイラク国民は、この誤った価値観に洗脳されていたと書かれない保証はない。

そういったわけで私は、我々が幼児期からの躾や高等教育、社会規範などのすべてから一度、自らを脱洗脳してみることにそれなりの価値があると考える。私自身は、小泉首相にもブッシュ大統領にも、中立的な立場であるが、小泉首相は当選時の世論並びに、9・11[※4]以降のアメリカの急速な右傾化とイラク戦争への突入には、このような必要性を感じさせる違和感がある。

以上が本書を執筆した二つの理由である。しかし、本書を出版するか否かについては、最後まで決定を保留していた。最終的に決断したのは、米軍によるイラク侵攻の様子を、長期滞在中のアメリカ国内で放送されていたCNNなどの番組で目にした時である。

本書における洗脳技術の開示には、色々と注意を払っているつもりである。とはいうものの、アンカーの長期記憶化による変性意識の固定化など、従来の専門書にはない、現代的な洗脳に応用可能なモデルが解説されている。こういったことまで開示して洗脳を解説し、自己脱洗脳の技法を伝授すべきと確信するに至ったのは、イラク戦争を目の当たりにしたからである。

戦争は絶対に避けなければならない――。

そんな当たり前のことを、9・11以降のアメリカ人の大半が見失っている。振り返れば第二次大戦以降、朝鮮戦争、ベトナム戦争、湾岸戦争、そして今回のイラク戦争とアメリカは戦争を定期的に行ってきた。だが、今回のイラク戦争には、どうしても納得がいかない。

ピューリタンの国アメリカ合衆国が育ててきたアメリカ民主主義が、人類が過去に作り上げてきた国家的思想として最も優れていることに異論はない。それはまず間違いないだろう。信教の自由、奴隷制の廃止、男女差別の根絶など、アメリカ民主主義が生み出してきた価値は大きい。

しかし、そのアメリカ合衆国の大半の人口が、米軍のイラク侵攻を支持しているのはどういうことであろう？

確かに、建国も独立戦争で、奴隷の解放も南北戦争で、そしてナチズムには第二次大戦でと、力づくで世界に自由を実現してきたという、力の論理があるのかもしれない。だが、冷戦の時代を経て、さすがに戦争を選択技として選ばない大人の国になっていたのではなかったのか？

少なくとも、私が学生時代に長くすごしたアメリカとはそういう国であったし、湾岸戦争のときはまだ理解できるものがあった。

問題は、イラクのフセイン政権が誤っているとか、アメリカ民主主義が正しいとか、どちらが正しくどちらが誤っているということではない。現在でいえば、北朝鮮の専制君主軍事国家主義よりも、アメリカ民主主義の方が正しいに決まっている。問題なのは、アメリカ人のほぼ全員が、アメリカ民主主義を強く信じていることだ。

「正しいこと」を皆が強く信じる。それの何が問題なのか？「正しいこと」が正しければ正しいほど、そしてそれを強く信じる人口の割合が高ければ高いほど、「誤ったこと」を徹底的に排除しようとするから問題なのだ。その結果、絶対に避けるべき戦争さえもが、言い訳が付けられて堂々と行われる。どれだけ正しいことであっても、人口の大半がそれを信じてしまうと、とんでもないことが起きるのである。

半世紀少し前に広島、長崎に原爆を落としたときもそうだったのだろう。「誤った専制君主軍事国家、帝国日本の暴走を止めるには原爆しかない。帝国主義軍事国家日本を世界から徹底排除するには原爆しかない」

アメリカ首脳はそう判断し、アメリカ国民はそれを支持した。もちろん、戦前の日本の軍国主義より当時のアメリカ民主主義の方が明らかに正しい。戦争も日本側から引き起こしたのだろう。だが、それが原爆で一般市民を大量殺戮する理由には全くならない。それを当時のアメリカはやってしまった。今回のイラク戦争も、一般市民の犠牲を承知で進められた。国民の大半が同じ「正しいこと」を信じている結果である。

正確には、アメリカ民主主義をアメリカ国民が強く信じていることが問題ではない。これは思想であり、建国の精神であり、信じることが当然の抽象的な概念である。危惧すべき点は、その抽象的な言葉を利用して、原爆投下やベトナム侵攻、イラク侵攻などの個々の事柄について、国民が一方的な判断に乗せられているということである。「正しい」思想、主義、宗教であっても、国民の圧倒的大多数が信じることが危険なのは、そのプリンシプルを具体的な事象に適用するときに、プリンシプルの解釈の権限が一つの政治的権力に集中するからである。

かつてキリスト教における聖書の解釈権は、ローマ法王にしか存在しなかった。プロテスタンティズムは、この解釈権を個人が自由に持つための運動だった。アメリカでは、かつての聖書の解釈権を独占した法王のように、アメリカ民主主義の解釈権をアメリカ大統領が独占しているという構図になっている。聖書の解釈権さえ、大統領が持っているのではないかと感じさせたのがイラク戦争だった。本来、イスラム教やキリスト教は平和な宗教である。それがテロを起こしたり、戦争を起こしたりするのは、十字軍の時代からプリンシプルを具象へと適用する解釈権が、政治権力に集中してきたからである。少なくとも民主主義のもとでは、特定の権力にプリンシプルの解釈権が集中するのは、国民の大半が支持するからである。怖いのは、国民の大半の支持が何らかの洗脳的手法により、その解釈が正しいと思わされている場合である。

今回のイラク戦争中、その開戦前からブッシュ大統領による勝利宣言までの期間、私はずっとアメリカに滞在していた。そしておそらく、多くのアメリカ国民がそうであったように、寝る間も惜しんで昼夜テレビに釘付けになり、CNNやFOXで流れる従軍ジャーナリストによる戦争中継を見ていた。米兵が一人死亡すると大変な騒ぎである。一人の女性兵士の解放も大変なニュースであった。一方で「我々の目前に多数のイラク軍戦車隊がいたが、至近航空支援（空爆）の後、抵抗がなく進行ができた」という報告を平然と流していた。抵抗がなくなった多数のイラク軍戦車隊は全員死亡したのであろう。だが、それに対する報道には何の感情もなかった。ただものが壊れたという感覚の報道である。

さらに米軍の犠牲については、二十四時間流れるCNNより、インターネットで見る朝日新聞の報道の方が情報が早く、多かった。そう、明らかに情報統制が徹底されていた。有事なのだから当たり前といえば当たり前だが、これらの中継により、圧倒的なブッシュ支持の世論が生み出されたのは事実だ。

また、各局には退役将軍たちが出演して、米軍のイラク侵攻戦略をゲーム感覚で解説していた。将軍に「戦争は悪い」という感覚を期待することはできないが、彼らのゲーム感覚での殺人プランの一つ一つが、イラク国民を殺戮する方法論であるという当然の違和感が、メディアから全く伝わってこなかった。少なくともイラク戦争は、9・11以降のアメリカメディアが生み出した、反イスラムキャンペーンと新保守主義（ネオコン）のヨーロッパの賛同不要論により実現したことは間違いない。

今回の戦争では、ヨーロッパやアジアの考え方よりも「アメリカ民主主義が正しい」という、アメリカ人が等しく信じている「正しい」命題が、9・11以降のメディアの力により、「イスラムは誤っている」「イスラム専制国家は排除すべきである」という主張へと具現化し、変容している。その結果、イラク侵攻という具象命題に対して、国民が当たり前のように支持する図式が生み出されている。イスラム原理主義によるテロリズムが誤っているのは明白だが、これが「イスラムは誤っている」、そして「イスラム教徒ならば、例え軍人でなくても爆撃のターゲットになるのは構わない」という論理に変わっていた。

その意味で私は、今回のイラク戦争期間中の滞米で、「アメリカ人は洗脳されている」と感じたのである。そう感じていた私自身が、連日のCNNでの戦争の展開を、まるで映画を見るように、殺人が行われているという現実感なく、ゲームに熱中するような感覚で見続けていたのである。私自身も大半のアメリカ人同様、メディアの力で洗脳された状況にあったのかもしれない。

ところで、日本を振り返ってみると、やはり日本もアメリカ民主主義の国である。本質的にはアメリカと何ら変わるところがない。違うとすれば、ほんの半世紀前にアジア各国で戦争犯罪を起こした国であり、沖縄戦で島人口の四分の一を失った国であり、原爆を落とされた国であり、最後の戦争が敗戦であった国だということだ。そして我々はその違いから、日本が今後戦争を起こすことはないと思っている。

果たしてそうなのか？

戦後に生まれた人が人口の七割を超えた現在、そして近い将来はほぼ全員が戦争を知らなくなる日本が、本当に戦争をしないといい切れるだろうか？

現実問題として、自衛隊のイラク派遣などが国会を通っている。これは、憲法の解釈権が内閣府に集中している結果といえないか。そして日本国民の大半が、現政権を支持している結果でもある。事実として、日本もイラク戦争に参戦しているのだ。そんな日本が将来において、戦争を起こさないといえるのか？

私はこのままいけば危ないと思っている。日本のお手本であるアメリカが、十年に一度は戦争を起こしているのだ。日本もアメリカと同じ、アメリカ民主主義を国民のほとんどが信じている国だ。世界は今後、すべての国がアメリカ民主主義を信じる国へとなっていくだろう。アメリカ民主主義が「正しい」からこそ、世界の人口が一つのプリンシプルを支持し、その解釈権がアメリカ合衆国大統領に集中する日は遠くない。それは人類にとって「正しい」選択に違いない。だからこそ、その日がやってくることに大きな危惧を抱いているのである。

いかなる理由があろうとも、戦争は絶対に避けねばならない。絶対に起こしてはいけない。それが私の大命題である。そのためにもこの本を出版する――そう決断した。

なぜ、本書で戦争が避けられるのか？

乱暴だが、私の論理は明快だ。戦争を起こしたり、参戦することができるのは、軍隊を持つ単位である。現在でいえば、国家だ。従って、国家が参戦の判断をしなければ戦争は起きない。では、どうしたら参戦の判断をしないのか。答えは簡単だ。国民のほとんどが賛成する状況を避ければいい。すなわち、国民の全員が同じ判断の基準を持たなければいい。多様な価値を信じればいい。それは宗教だって何だって構わない。仮にアメリカ人口の一〇％がイスラム教徒だったとしたら、イラク戦争は起きなかっただろう（実際は約〇・三％）。アメリカでは八五％がキリスト教徒である。これは一つの宗教に固まりすぎではないのか？

多様にして、どんな価値を持つべきか。これは本書の範囲外だ。少なくとも、洗脳技術と脱洗脳の技術に関して国内の誰よりも詳しいと自負する私の社会的責任は、日本人全員に自己脱洗脳の技術を伝えることで、国民全員が一つの価値に縛られないようにすることだと思っている。

各人が自己脱洗脳できれば、例えば国によってメディアが利用されたり、教育が画一化されたり、あるいは一つの宗教を強く信じるようになったとしても、国民の大半が個々の事柄に対して、同じ判断を下すことは避けられるはずである。その結果、戦争も回避できるはずである。私は本気でそう思っている。

ところで、イラク戦争の最中に日本では、白装束を着た集団が電磁波で攻撃されているとして、長野県界隈を車を連ねて移動しているのが話題になっていた。アメリカなどでは、このような変わったことを信じているミニカルトは数多く存在する。白装束を着ているのも、さして珍しいことではない。

だが、日本ではワイドショーを中心としてメディアが飛びついた。連日報道されていたのが、アメリカの日本語放送でもよく分かった。実際、滞米中の私のところにも日本のテレビ局から「出演してもらいたいので帰国してほしい」との依頼がきていたので、その注目度は尋常ではなかったのだろう。私はイラク戦争を見ていて思うところがあり、滞在先の大学で慣れない比較宗教学の研究をしていたので、白装束騒ぎで帰国などとんでもないというのが本音であった。

ただ、日本では本当に大騒ぎになっているという。聞くところによると、警察トップからは「一時のオウムに似ている」という発言まで飛び出したらしい。これなどはメディアによって、国民や官僚が踊らされたいい例だろう。

確かに地元の人たちにとっては、得体の知れない不安感はあるだろう。しかし全国メディアで連日放送するような事件ではない。にもかかわらず、いつの間にか、彼らが危ないかのような危機感が煽られていた。もしかすると、集団の中には何らかの犯罪を行った構成員がいたかもしれない。だが、そんなことはカルトにはいくらでもあることだ。もっと危険なカルトだって日本国内にいくらでもある。アメリカのイスラム教徒は危ないという世論と比較するのも問題だが、まさにメディアの自作自演と感じたものである。オウムと似ているなどとは無責任な発言だ。この騒動のおかげで日本人の大半は、あの白装束軍団を危険きわまりない集団だと思っていることだろう。

メディアの例が顕著なので、メディアの話をしているが、我々が一つの価値判断に踊らされ、とらわれるのは、メディアに限ったことではない。教育や社会習慣も、そして宗教もそうだ。その判断が正しくても問題なのだ。正しいからこそより問題なのだ。イラク戦争がいい例だろう。我々一人一人が、自ら正しいと信じている価値観を、自己脱洗脳して再吟味する必要があると私は強く感じている。そして、その方法を社会に伝えるのが私の義務だと考えている。

以上が本書の出版を決断した直接の理由だが、私が脱洗脳を皆さんにお勧めするのは、もう一つ大きな理由がある。それは我々が何世紀もの間、克服できないでいるやっかいな問題だ。煩悩といわれるものである。自己脱洗脳の技術は、この克服にも多いに役立つと考えている。

我々はあらゆる物理的な欲求に縛られた生物である。動物としての本能はいうまでもなく、進化した生物ならではの欲望が沢山ある。これらをまとめて「煩悩」と呼ぼう。お釈迦様が「心の染み」といっているものである。もちろん、煩悩がない生物は、物理空間では存在し得ない。個体が存在し得ないし、種を保存し得ないからだ。それ故、煩悩が悪いとは、お釈迦様もいっていない。煩悩にとらわれることがいけないといっているだけだ。

そう、我々の日々の行動は、必要以上に煩悩にとらわれてはいないだろうか？

国のレベルなら、地球環境破壊などがそれに当たるし、戦争もそうだ。社会が基本的に煩悩肯定の消費経済であることは、資本主義を選択した宿命だ。確かに資本主義は、民主国家にとって「正しい」選択だ。だが、資本主義が正しいからこそ、ものやお金に対する煩悩には歯止めが利かない。

現在、社会を見回してみて、我々個人は物欲を中心とする煩悩にとらわれすぎているのではないだろうか？　我々はそろそろ、ものやお金に対する煩悩の歯止めを考えなければならない時期にきているのではないだろうか？

かつて煩悩の歯止めに関しては、宗教がその役割を担ってきていた。いわゆる「あの世の論理」である。「神との契約違反だからそれはだめだ」というのは、ユダヤ教以来のキリスト教、イスラム教に共通する「あの世の論理」による歯止めである。仏教における「空」[※5]の思想もそうだ。浄土での悟りを目指す、浄土教の他力の論理も「あの世の論理」である。密教の現世肯定も煩悩肯定ではなく、本質は煩悩は程々にということだ。

しかし二十一世紀になった今、残念ながら宗教の「あの世の論理」は、煩悩の歯止めとして機能していない。現実にキリスト教国のアメリカと、イスラム教国のイラクが戦争をしている。そして、空や浄土の仏教国（のはずの）日本で、少女が成人による性犯罪の犠牲となっている。

そろそろ我々は、「煩悩を程々に」する技術を、宗教以外の方法論から各自が学んでおく時期にさしかかっているのではないだろうか。そして洗脳技術は自己洗脳、自己脱洗脳という方向性において、有用であると考えている。

それが社会規範によるものなのか、カルトによるものなのかにかかわらず、いつの間にか「正しいこと」として受け入れている判断の基準、思考のパターン、行動のルールの一つ一つから、本書を読むことでまず一度自分を解放していただきたい。つまり、すべての権力、すべての情報、すべての記憶から完全に自立する方法論を学んでほしいのである。

これはごく当たり前の日常の価値観から始めてほしい。

なぜ朝起きて最初に歯を磨くのか？　なぜ朝食後ではないのか？　なぜルイ・ヴィトンのバッグがほしいのか？　なぜ慶応出身が格好いいのか？　なぜ国会議員が偉いのか……。

そういった一つ一つの行動パターン、判断の基準、そして価値観から一度自己を解放していくのだ。

　現在、日本の国会議員はその四分の一が世襲議員だという。日本の人口一億二千万人超に対して、約三千人の国会議員経験者から平均一人の世襲後継者がいるとすれば、二世、三世議員候補の人口比率は四万人に一人、〇・〇〇二五％だ。これはアメリカにおけるイスラム教徒より桁違いに少ない。それが実際には、国会議員の二五％を押さえている。国会議員の選挙は、世襲議員にとって実に一万倍も有利に働いているわけだ。人口の〇・三％未満のイスラム教徒が、米国議会の四分の一をしめれば大騒ぎとなる。日本ではその百分の一の「世襲教徒」が国会の四分の一をしめている。我々普通の家庭と、国会議員の子息たちの家庭では、通常のアメリカ人とイスラム教徒ぐらい生活環境や社会経験が違うだろう。そんな彼らに、国民の生活を正常に代表できるわけがない。それが選挙で一万倍も有利な立場にいるのは、まさにこういった国民の被洗脳者的ブランド志向の現れだ。親子三代の国会議員などというのは、これを象徴しているのではないだろうか。最近、中国の友人が「日本人は金正日政権が世襲であることを批判するのは変だ」といっていたが、その通りである。

オウム真理教の信者ならもちろん、何か特定の信仰を持っている方は、本書で一度、自己脱洗脳をしていただきたい。自分の宗教が正しいと思えば思うほど試していただきたい。同様に、自分は日本の民主主義を背負っていると自負している政治家や官僚の皆さんにも一度、本書で自己脱洗脳をしていただきたい。

メディア制作者にもぜひ一度お願いしたい。また、大企業に勤める社員にもお願いしたい。そして誰よりも、一般市民の一人一人に自己脱洗脳を一度経験していただきたい。

本書の方法は、過去の自分自身から自立する方法である。そのうえでもう一度、自らが規範を選択すればいいだろう。洗脳技術を学ぶことで、あからさまな第三者の洗脳から身を守れるばかりでなく、すべての過去に自分がコミットしてしまった価値観から、それが第三者から悪意で埋め込まれたものか、善意で与えられたものか、もしくは自らの欲望が作り出してしまったものかは別として、洗脳や教育、煩悩などに関係なく、一度それから完全に自由になっていただきたいのである。

洗脳はただの技術であるから、本来、善も悪もなく中立なものだ。故に、洗脳を学んで善人になるわけではない。それでも徹底的にやれば、あらゆる煩悩から自由になる。悟りの技術にだってなり得るが、そういう悟った人が善人かどうかは誰にも分からない。

これは善という言葉が、社会的判断を内包した言葉だからだ。「正しいこと」と同様だ。完全に煩悩から自由となって悟った人は「あの世の論理」の人であり、この世の社会的判断を超越しているはずだから、善か悪かという言葉自体に意味を持たない。山奥で悟りを開いてあらゆる煩悩から自由になり、森林で自給自足をしている聖人が、食物として木の実をとっている森林が国有林で、住民税を納めていなかったら、その人は善人と悪人のどちらだろうか？

例え、チベットの僧侶が生き仏であったとしても、税金を納めなければ、中国政府にとっては犯罪者であるのと同じだ。皮肉ないい方に聞こえるかもしれないが、「あの世の論理」はこの世の善悪とは関係ないものであり、洗脳技術による自己解放で完全に「この世の論理」から自由になったとしても、それと善人かどうかは関係ないということだ。

大体、善だといわれている事柄自体が社会的判断である以上、その時々の権力者側から与えられたものであり、ある事柄を善と思うこと自体が洗脳されている結果だと考えるべきだろう。北朝鮮や戦前の日本がいい例だ。朱子学や儒教的な善の概念が、誇張されて専制君主への帰依を善としていたことは記憶に新しい。身近な例では、ダム開発や干潟の開発が善なのか悪なのかといった判断も、まず自分をあらゆる既存の価値観から自由にしてみないと誤るだろう。イスラム世界での善が、キリスト教世界の一部では悪であるといわれていることも同様だ。

二十一世紀はマスメディアの時代であり、さらにブロードバンド接続などで個人に与えられる情報のビット量は戦前の日本の時代より遥かに多い。二十世紀までの洗脳は、情報を遮断して一つの価値を善とすることで実現されてきた。ベルリンの壁崩壊前の東ドイツでは、家に電話を引くのに、申し込んでから二十年以上かかったそうである。二十一世紀の洗脳は、情報の遮断ではなく、大量の情報の操作として実現されていくだろう。いい悪いは別にして、恣意的な操作があったか否かは別にして、小泉政権の誕生や、イラク戦争がアメリカで肯定されたのは、大量の情報によるものであった。従って、洗脳されている人を救う、もしくは洗脳状態から抜け出すには、隠されている正しい情報を与えればいいという考えでは通用しない。カルトの信者に、実は騙されていたという情報を与えるだけでは脱洗脳できないのである。そこには操作された情報で書き込まれた脳を、別の情報で書き戻す技術が必要となる。これが本書の自己脱洗脳の技法である。

現在、日本で脱洗脳の技術を持った人物は私を含めても二、三人くらいだろう。そして、脱洗脳家の養成も全く行われていない。カルト洗脳だけを考えても、被洗脳者を完全に救出するには、アフターケアなどを含めて相当な時間がかかるため、私一人で行っても年に数人が限界だ。それ故、今後増加が予想される被洗脳者を救って行くことは、物理的に不可能である。そして、洗脳者は今後、どんどん権力者側に食い込んでいくだろう。[※6]そうなれば、いくら私が脱洗脳しようとしても手出しすらままならないだろう。

よって、皆さんには本書を読んで洗脳護身術を学び、洗脳の危険から己の身を守っていただきたい。もちろん、洗脳技術は一朝一夕で身に付くほど簡単な技術ではない。だが、根気強く練習すれば、必ず体得できるはずだ。

ちなみに本書では、危険を伴う秘術や私の持つ技術のすべてを開示するのは控えている。基本的には、既に何らかの形で国内外の学会で報告されていたり、海外の学術文献として出版されている方法論のみにとどめていることを予めご了承いただきたい。[※7]

もう一言だけ付け加えるならば、本書では、洗脳と脱洗脳、自己脱洗脳という言葉をそれなりに使い分けているが、本書の本意は、すべてをひっくるめて「洗脳」である。脳を洗うという言葉通り、脱洗脳することも中立な意味で洗脳である。煩悩から自己を解放する自己脱洗脳も「心の染み」を脳から洗う「洗脳」である。故に本書では、洗脳という言葉の意味に脱洗脳も自己脱洗脳も本来は含まれているということを留意いただきたい。ただ、伝統的に洗脳という言葉が第三者の利益のために行われる脳内情報の操作を示しているので、できるだけ誤解のないように用語の使用に注意を払ったつもりではいる。

洗脳護身術／目次

第2章 洗脳術――呼吸を用いた変性意識の生成

第3章 洗脳術——アンカーとトリガーの応用

第4章 気功を用いた洗脳術

第5章 洗脳の定義、カルト、そして宗教

第6章　洗脳されないために

補完

第1章

洗脳護身術を学ぶために

元来、私の研究テーマは洗脳ではない。専門は認知科学をベースとした、脳内情報処理である。しかし、近接領域の基礎研究の一環として、変性意識状態、サブリミナル効果や洗脳技術についての研究を進めるうち、ちょっとした経緯からカルト集団の脱洗脳を手伝うこととなり、いつの間にか十年近いキャリアを経た「脱洗脳家」になっていた。

後に詳述するが、洗脳・脱洗脳においては、内部表現という人間の脳内世界の操作が中心的な技術である。脱洗脳を始めた当初は気付かなかったが、これは私の研究テーマである内部表現のオントロジーとその操作技法や、これに深くかかわっている人工臨場感の生成技術に含まれている。つまり、たまたま洗脳の中心理論と技術が、実は私の専門のテーマだったといえる。だからこそ脱洗脳に成功してきたのであろう。今では洗脳・脱洗脳に関しては、理論と技術の両面で世界でもトップレベルの水準にいると自負している。

伝統的に、洗脳は次のように定義できる。

洗脳とは「認知レベルを含む脳内情報処理に、何らかの介入的な操作を加えることで、その人の思考、行動、感情を思うままに制御する」ことである。認知レベルを含む脳内情報処理とは、精神（心）のレベル、脳の生理的レベルの両方を含む。厳密にいうと、洗脳の定義には「第三者の利益のため」という条件が加味される。本人以外の利益のためということだ。逆をいえば、制御される本人自身が、自らの利益のために進んで行うのは、本来洗脳とはいわないのだ。

では、自分の利益のためにカルトや各種セミナーに入会し、思想を操作されるのは洗脳ではないのか？

そうとはいえない。カルトや各種セミナーの入会用パンフレットには、よく「本人の利益のため」といった趣旨の宣伝文句が躍っているが、入会すると実際は本人の利益を搾取している例が少なくない。当初は自分のためにと思い入会したが、結果的にカルト教団のために自分を犠牲にしていることが多々あるのだ。こうなると、もう立派な洗脳である。

しかもやっかいなのは、一度洗脳されてしまうと後は自由に精神を制御されるわけだから、本人は自分のためだと信じ切ってしまい洗脳されていることに気が付かない。教祖の都合で構築された、映画のような虚構の世界を現実世界だと思い込んで臨場感を感じ、抜けることができないのである。これがカルトの洗脳である。

危険なカルトほど「地球の平和」とか「宇宙の未来」といった曖昧で小奇麗な教義を掲げる。「あなたを素晴らしい人にする」とか「ビジネスで大成功する」といった啓蒙的な文句を謳う。これは至極当たり前の話で、はじめから「毒ガスで無差別殺人を行います」などと宣伝するカルトはいない。だから自分の利益のためと思って自ら進んで入信しても、実際は本人の利益のためではなく、定義上の洗脳そのものであることが多々あるのだ。

◉洗脳を知るうえで必要な三つの概念

そもそも洗脳とは、認知科学的にはどういった状態を指すのだろうか？洗脳を理解するためには、次の三つの概念を理解する必要がある。

変性意識
内部表現
ホメオスタシス

まずは変性意識から説明しよう。一般的に、洗脳された人間は精神が浮遊した状態であるといわれており、実際に視線が定まらなかったりする。ここでのキーワードが、変性意識である。

変性意識（Altered States of Consciousness）とは、臨場感を感じている世界が物理的な現実世界ではなく、映画や小説といった仮想世界にある状態を指す。もちろん、現実世界の臨場感が全くなくなることはないので、現実世界よりも仮想世界の臨場感がより強い状態というべきだろう。映画を見ているときや、夢の中を漂っているときなどがそうだ。

変性意識状態

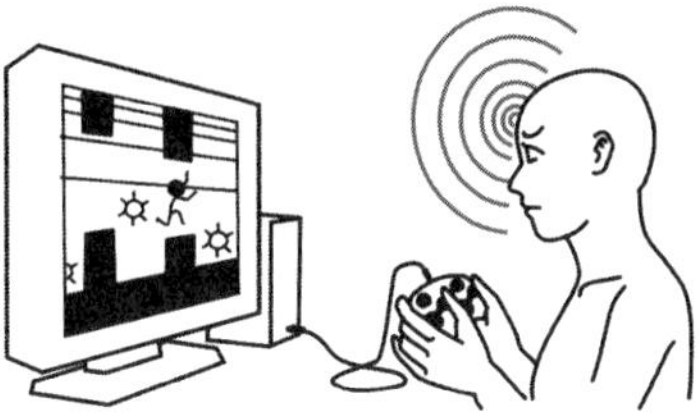

ゲームに熱中するとその世界観に入り込んでしまい、変性意識（トランス）状態に陥る。

変性意識下では、人間は意識を自在に操作されやすくなる。

催眠状態も変性意識状態の一つである。この意識の変性度の高い状態が、一般にトランス状態といわれている。

カルトに洗脳された状態では、カルトによって作り上げられた仮想世界に臨場感が強くなっている。例えば、両親の顔が悪魔に見えたりする。これは幻覚なのだが、変性意識状態では催眠による幻覚の例が顕著なように、現実世界と同じ臨場感で幻覚を見る。夢と同様だ。ただ、本人はそれを幻覚と意識できず、現実世界と認識しているのが洗脳のやっかいなところだ。映画で作り出された変性意識状態は、映画を見終わって映画館から退出すれば、自然と抜け出すことができる。しかし洗脳の場合、この状態が長期間継続するように仕掛けられている。

洗脳には必ず変性意識が介入している。これは洗脳状態が「本来の物理的現実世界とは異なる、カルトなどの洗脳者によって築き上げられた仮想世界に臨場感が継続している状態」にあるから当然のことである。宗教的体験としてよく耳にする神秘体験も、変性意識状態での出来事だ。変性意識は、催眠や薬物のみならず、過呼吸や睡眠の剥奪、長時間の集中や単調な運動でも容易に生成される。瞑想や長時間の念仏などで光を見たり、仏を見たりするのは、変性意識下での幻視である。宗教は広い意味でとらえれば、洗脳の一種といえるので、変性意識が介在していてもおかしくない。

ここで前もって述べておくが、本書は宗教などで利用される変性意識下での幻覚体験を否定的にとらえているわけではない。むしろ、この変性意識下のイメージを自己解放と自我の強化に用いることを積極的に評価している。ただし、この変性意識が洗脳者に利用されれば、自力ではその仮想世界から永遠に抜け出せないので、その点を危惧しているのである。

◉内部表現とホメオスタシス

次に内部表現（Internal Representation）とは、章の冒頭でも述べたが、脳内における世界と自我の表現を表す専門用語である。外界を視覚で認識すれば、視覚野での神経が活性化し、その結果が前頭葉で認識される。この視覚野から前頭葉までのすべての脳内での情報状態が内部表現である。

内部表現は神経の物理レベルの情報状態のみならず、概念や感情など、心理レベルでの表現も含まれる。すなわち、脳内の物理レベルから心理レベルまで含めたすべての抽象度における外界の表現が内部表現である。自分自身の表現や自己の記憶、内省的な自我、さらには現在時の自分の思考状態や発話、言語の認識状態も内部表現の一部である。内部表現は常に外界と情報をやり取りしながらリアルタイムに情報状態が更新されているため、その動きは非常にダイナミックだ。脳内にある自分自身を含めたあらゆる抽象度における世界のモデルが内部表現である。ただ、内部表現内のそれぞれの情報状態は、巨大な相互関係のネットワークを構築し、それが常にリアルタイムでダイナミックに更新されているので、実際にそれを我々が記述することができるか否かは別問題である。これを計算機上に記述しようとする分野が人工知能である。インド哲学でいえば、唯識[※8]におけるアラヤ識[※9]やマナ識[※10]を内部表現とみなしていいだろう。これらは縁起[※11]で定義される相互因果関係を持つ動的なものであり、ネットワークであり、ダイナミックであるからこそ、その実在は空となる。故に、アートマン（真自我）の非実在性を謳う仏教的立場[※12]は、現代認知科学に通じるものがある。

　内部表現は、進化のレベルに従って複雑になってきている。これは脳が進化している結果である。人間においては、内部表現という外界のモデルとして脳内で表現される世界が、物理的な現実世界だけではなく、映画や小説の仮想世界にも持てるのが特徴的である。例えば、言語で発せられた世界は、物理的な現実世界ではない。それでも小説で描かれる世界を整合性をもって、臨場感を感じて認識することができる。これは小説の仮想的な世界を、内部表現として脳内で表象できるからだ。

　進化の過程で、我々は未来に起こることを想定できるようになった。プランニングなどがまさにそうだろう。時間を超えて、行為の因果の整合性を表現することができる。人間が罠を仕掛けて獲物を捕まえられるようになったのも、未来時間の世界を整合的に脳内で表現することができる能力が進化したからだ。過去の思い出の時間に浸れるのも、映画の世界に臨場感を感じるのも同様だ。

　このように人間は、物理的現実世界以外の仮想世界を内部表現として持つことができるように進化した。だからこそ人間は洗脳から逃れることができないのだ。

　最後の概念、ホメオスタシス（Homeostasis）は、恒常性維持機能と訳す。[※13]これは呼吸や心拍のように、生体が一定の状態を保ちながら、生体の安定的な状態を維持しようと

ホメオスタシス

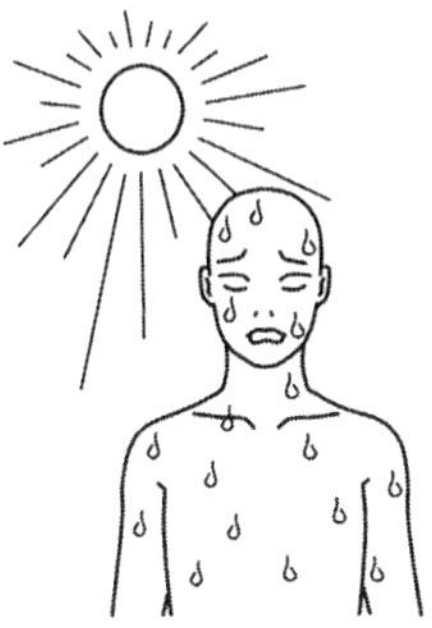

外気が暑いと生体を維持するために自然と汗をかく。

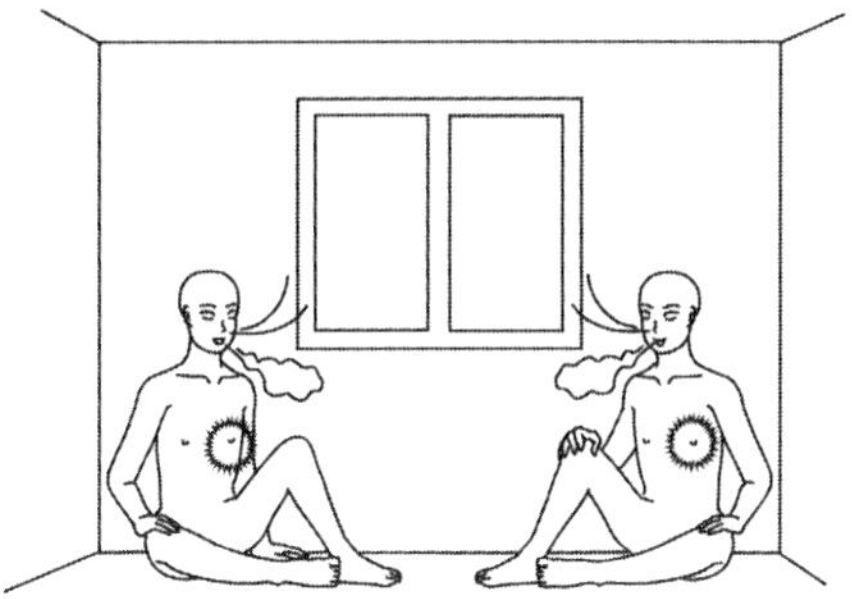

二人で何日も同じ部屋で生活していると自然と呼吸や心臓の鼓動が同期する。

する傾向である。例えば、我々は走ると呼吸や心拍が速くなったりする。より沢山のエネルギーを身体中に供給する必要があるからだ。走るのを止めると、自然と呼吸や心拍が、ゆらぎをもって一定の状態に戻ってくる。このような傾向がホメオスタシスだ。

　ホメオスタシスは、呼吸や心拍のように秒単位のものから、生理周期のように月単位、さらには年単位のものまである。季節によっても、我々の身体は異なってくる。夏は暑さをしのげるように、冬は寒さに耐えられるように、生体が外界の状態に合わせて、健康で安定した状態を保とうとする。これは、生体と外界の間でフィードバック関係が成り立っているからだ。そして、人間は進化の結果として、ホメオスタシスの能力が物理空間から情報空間に拡張している。つまり、物理的な現実世界のみならず、仮想世界ともホメオスタシスのフィードバック関係を持てるように脳が進化しているのである。

◉三つの概念と洗脳の関係

それぞれの概念が分かったところで今度は、ホメオスタシスと内部表現の概念を組み合わせて考えてみよう。もともとホメオスタシスとは、外界と生体との情報の応酬である。気温が上がったという情報を全身の神経が認識して、その情報が脳に伝わる。すると脳からは、発汗せよという指令が下り、皮膚で発汗が促されるわけだ。

これは、脳内では外界の気温が上がったという内部表現の更新と、それに合わせた生体を望ましい状態にするための内部表現の更新によって、その内部表現状態に生体が整合的に発汗するのである。自分自身と外界世界を表現する内部表現と、物理的な外部世界との間で情報状態を常に最新に維持し、生体を安定的な健康状態に保とうとするフィードバック関係が成立しているのである。

ここで人間に特徴的な事柄がある。内部表現は、物理的現実世界だけでなく、仮想世界ともフィードバック関係を成立させられるということだ。例えば、映画でビルが爆破されるシーンを見たとき、我々はドキッとする。実際に生体レベルで心臓がドキッとする。また、小説の中の感動的な一節を読んでいると本当に涙が流れてくる。この心臓がドキッとするのも、涙が流れるのも、すべてホメオスタシス現象だ。人間は仮想世界とホメオスタシス関係を持つことができるのだ。

ちなみに臨場感の強さとは、即ちこのホメオスタシスフィードバック関係の強度である。面白い映画に没入しているときは、強いホメオスタシスフィードバックが内部表現と映画の仮想世界の間で築かれている。だから驚いたときの反応が、生体レベルまで強く出る。これが内部表現とホメオスタシスの関係である。

脳が進化していない生物の場合は、内部表現は物理的な生体と物理的な外界だけである。従ってホメオスタシスも、この二つの間でしか起こらない。脳が人間レベルにまで進化してくると、内部表現は仮想的な世界や生体の状態を包含できるようになる。そしてホメオスタシスの対象も物理的な現実世界のみならず、仮想的な世界にも持てるようになる。だからこそ、映画や小説の世界に臨場感があるのだ。

さて、内部表現とホメオスタシスの関係が分かれば、これに変性意識との関係を加えてみよう。変性意識状態とは、内部表現のホメオスタシスフィードバックの対象が、物理的な現実世界よりも、仮想世界の方に強くなっている状態と考えられる。とはいっても、物理的な現実世界とのホメオスタシスフィードバックがなくなることはない。さもなければ呼吸や心臓は止まり、生きていることができない。

人間の特徴として、ホメオスタシスフィードバックは、同時に複数の世界を持つことができる。その中で物理的な現実世界よりも、映画や小説、ゲームの世界とのフィードバックが強い状態が変性意識状態なのである。立っていられない程、現実世界とのフィードバックが弱まり、仮想世界の臨場感が遥かに強大になる……トランス状態となるわけだ。

では、これら三つの概念は洗脳とどう関係があるのだろうか?

洗脳された状態とは、何らかの手法で生成された変性意識状態によって、洗脳者が築き上げた仮想世界とのホメオスタシスフィードバックが、現実世界よりも強くなってしまった状態である。そして、洗脳の怖いところは、その状態がホメオスタシスの力により、生体のレベルまで深くかかわっている点である。無理に洗脳を解こうとすると、呼吸困難になったり、意識を失ったり、悪寒がしたり、吐き気を催すのはこれが理由である。

また、仮想世界に臨場感が特に強いときは、超常的ともいえる色々な生体現象までもが起き得る。例えば、キリスト教を強く信じる人の手から血が流れ出す、いわゆる聖痕現象などがそうだ。これはキリスト教世界の強い臨場感が、強烈なホメオスタシス作用によって生体情報を書き換えていることで説明できる。長時間の瞑想などで光を見るという幻想

ホメオスタシスモデル

人間のホメオスタシスは、情報空間に広がっている

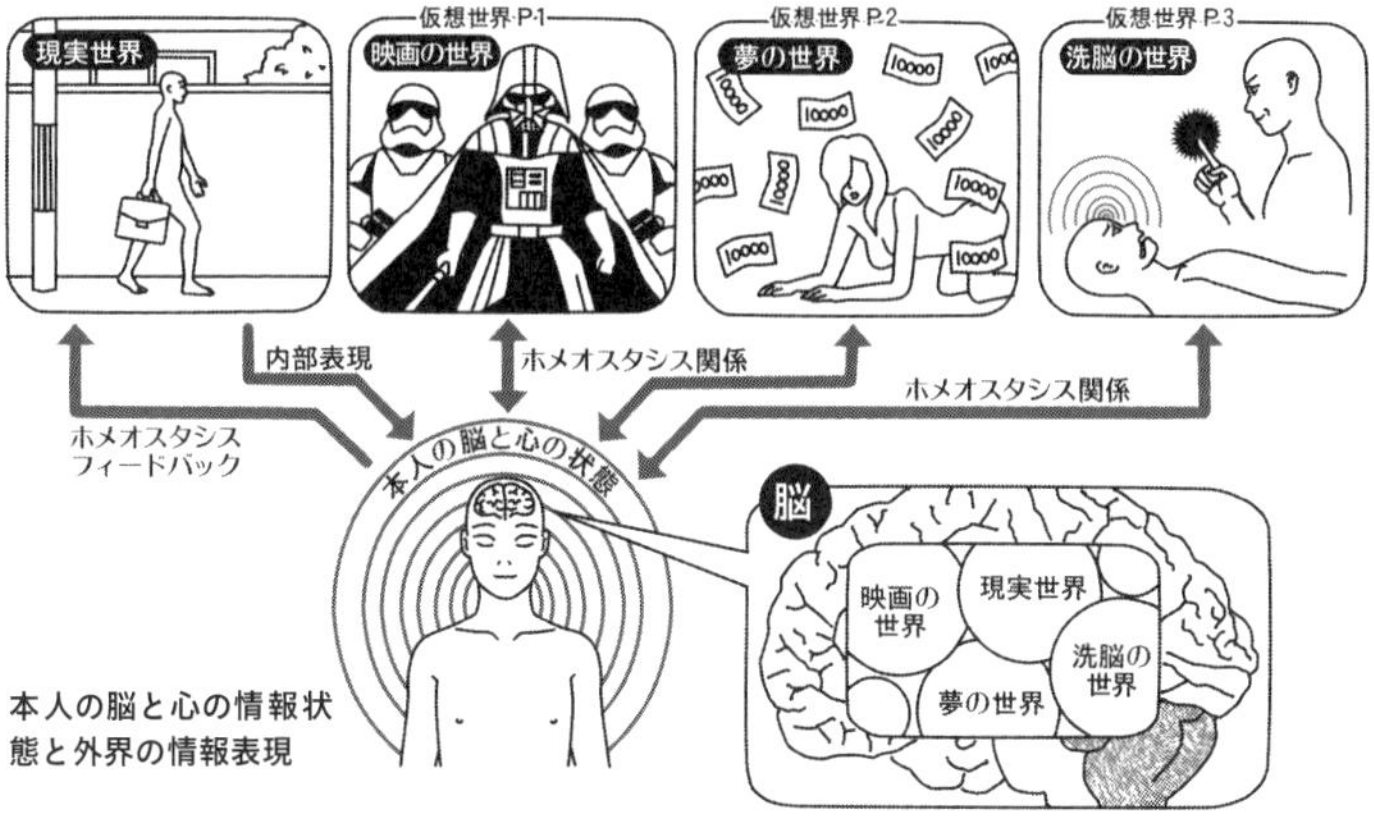

などについても、変性意識、内部表現、ホメオスタシスの関係と、人間の脳内でのフィードバック空間が、物理的レベルから仮想レベルまで広がっているということで理解できる。

　ところで、変性意識の代表的な方法論である催眠現象は、術者が発する言語などの暗示が、一時的な内部表現への書き込みとなることで理解できる。例えば、変性意識が生成された後に「右手が挙がります」と術者からいわれると、変性意識の関係で臨場感は術者の言葉で生み出された仮想世界に強くなる。そしてホメオスタシスフィードバックもそちらに強化されているので、「右手が挙がる」という情報が内部表現に書き込まれれば、生体は内部表現の更新との整合性から、ホメオスタシスの影響により右手を挙げた状態に持っ

ていくしかないのである。

催眠の場合は、言語の暗示が中心であり、これに対する反応性に個人差があるので、催眠感受性が高い人と低い人に分かれるが、現代的な洗脳は、あらゆる技術で変性意識を生成し、また仮想世界を構築する。内部表現が仮想世界まで広がり、ホメオスタシスフィードバックループが仮想世界まで広がっている以上、洗脳者の技術が優れていれば、我々は誰も洗脳から逃れることができないのである。

◉洗脳は精神世界の格闘技

洗脳とは、変性意識の力で洗脳者が作り上げた仮想世界に臨場感を持たせ、ホメオスタシスの力でこの臨場感状態を強化していき、固定化していく作業である。洗脳の厳密な定義では、この洗脳者が作り上げた仮想世界の論理は、洗脳者の一方的な利益のためということになる。しかしあえて定義を緩めてこの条件を外すと、洗脳は強力な教育の方法論にもなり得るし、伝統宗教も洗脳ということになる。また、自分自身を洗脳者にする場合も洗脳ということになる。

このように考えていくと実は、洗脳は我々にとって非常に有意義な技術となり得る。洗脳を利用することによって、人間の隠された力を引き出したり、タバコをやめられたり、ダイエットに成功したり、集中力を付けたり、明晰な頭脳を手に入れることが可能になる。ビジネスにおいては悪徳商法だけでなく、正規の取引で優位に進められるし、恋愛では意中の異性の興味を自分に向けさせることだって望める。自身を高めるには絶好の技術だといえるのだ。そして、そういった洗脳的手法を最大限に活用した技術が洗脳護身術である。

洗脳護身術とは、簡単にいうと精神世界での格闘技である。この世界には、人間の肉体など物質的な現象とは別に、精神現象として触れることのできないメンタルな空間、つまり精神世界が存在する。そのような世界に人間は、物理空間と何ら変わらない臨場感を感じられるように進化したことは先述した。そう、内部表現上の仮想空間である。人間はその空間に、もう一人の自分というよりも、自分の身体の一部が広がっている感覚で存在することができる。そこで対峙する相手を支配する闘いが洗脳、あるいは洗脳護身術である。

カルトなどの洗脳者側は、このメンタルな空間、仮想世界を薬物や専用の機械で作り出して相手を支配するが、洗脳護身術では道具を一切使わず、精神世界における「素手」で闘う。そしてこの世界で勝った者が、物質的な現実世界でも相手を制御できるようになるのである。

精神世界での格闘……。はじめて洗脳という世界に足を踏み入れた方は、何か架空の話のように聞こえるかもしれない。

しかし、その闘い、その空間は実在する。例えば、数字の1。1は記号としてこの世に存在し、ものを数えるときに言葉にしたり、その文字を書くことができる。しかし、1そのものは探しても触ることはできない。すなわち、物理的実態はなく、あくまで数学世界の存在として成り立っているだけだ。これは自然数という概念や、数学の公理も同様である。もっといえば、虚数は我々の中では想像上の世界にしかないが、実際には虚数の存在を前提として成り立つ計算式があり、虚数がなければ現代物理学は成り立たない。

これと同じ論理が、宗教者の言う神の存在にも通用する。神は触れたり、見ることはできない。しかし、神がいることで宗教は成り立っている。例えばキリスト教では、主イエス・キリストがいることでローマ教会が存在しているが、逆をいえば教会があるからキリストが存在しているともいえる。「あれだけ巨大な教会があり、信仰が広く流夫している のだから、キリストはいるに決まっている」というと乱暴な論理にも聞こえるが、個人のバラバラな想像だけで、キリスト教会があそこまで大きくなるはずがない。信徒の個人個人を超えて共通のキリストのイメージ、概念があるからキリスト教会が成り立っているのである。我々の言葉では、各個人の内部表現を超えて共有されているキリストのイメージである。

もちろん、イエス・キリストという人物は実在しただろう。しかし、カトリック教会が思い描くイエス・キリストと、歴史上のイエス・キリストは同一ではない。実在したイエス・キリストとは別に、神と崇められるイエス・キリストが信者共通の情報空間もしくは概念空間のどこかに存在するのだ。

一方、仏教では神の存在を否定する。アートマンやブラフマン[※14]などのアプリオリな存在は宇宙にないというのが仏教だ。神もアプリオリな存在であるというならば、存在し得ないというのが仏教の論理である。アプリオリ（先験的）はカントの言葉であるが、ここでは未来永劫、他の何にも依らず独立して絶対的に存在するという意味でとらえてほしい。確かに、仏教でも宗派によっては、神に相当するものは存在する。阿弥陀如来や大日如来などがそうだ。ただ、仏教ではこれらの神に相当するものはアプリオリでない存在としている。従って、仏教には超越的一神教の神としての神は存在し得ないが、縁起で生ずる神はいても構わない。よって定義が違うだけで、仏教徒にも神はいるといえる。そして本来の仏教の立場から外れるが、宗派によっては、大日如来や阿弥陀如来をアプリオリな神のようにとらえているところもある。

少々哲学的で難しい話になったが、なぜこんなに回りくどく1や神の概念を持ち出したかというと、洗脳も同じだからである。

洗脳も概念であって、物理的実態ではない。洗脳行為によって操作されるのは脳内の情報的存在、つまり概念だ。宗教やカルトのように神の存在を相手に植え付けるとき、その神が実在しているか否かはどうでもいい。相手の心に神を存在させられるかどうかが問題なのであり、物理的に実在しているかどうかはどうでもいいのだ。相手の心に存在させることができるならば、その神は存在しているのだ。

◉霊と洗脳護身術の共通点

この概念の理解は本書の要なので、もう少し解説しておく必要がある。

1や神の概念と同じく、もう一つ身近な例を挙げると、霊の存在がある。仏教では霊の存在を否定している。その理由はいくつかあるが、その一つに人間は死んだらすぐに浄土や現実世界に生まれ変わるのだから、同時に霊としてこの世に存在するわけがないという説明だ。

または、アートマンは実在しないのだから、霊魂のようなものも存在し得ない。輪廻するのは、縁起による因果のみであるという説明だ。つまりホメオスタシスフィードバックループは因果により永続するが、フィードバック対象の内部表現は、脳が死んだら終わりという輪廻の発想だ。自我は空だからという直接的な説明である。内部表現はダイナミックな情報状態だから、その実態は空であるという説明に相当するだろう。

しかし、仏教は霊の存在を否定しているにもかかわらず、なぜ葬式をしたり、お盆があったり、なんといってもお祓いなどがあるのか。

その答えは、洗脳における内部表現のホメオスタシス作用の力が関係している。

先に変性意識、内部表現とホメオスタシスについては説明した。この関係により、内部表現を書き換えるのに、霊という概念は使いやすいのだ。日本では仏教伝来前からの宗教心として、先祖の霊はきちんと祀らないと祟られるといった概念があった。今でも、街の占い師やシャーマンのおばさんたちがよく口にすることだ。実際、それで五百万円も巻き上げられた人を知っている。菅原道真の怨霊が怖くて、神様として祀られているのがまさにそれだ。聖徳太子が法隆寺に阿弥陀如来と共に祀られているのも、子孫を皆殺しにした祟りが怖いからだという説がある。これは阿弥陀如来は、あの世に霊を連れて行ってくれると考えられていたからだ。

このように日本には、仏教伝来前の古代から例に対する恐怖、そして除霊する文化があった。つまり、仏教伝来前から、日本人はこの祟る霊の概念に洗脳されていたのである。

現実に、人間は霊に対する恐怖心などから、変性意識状態に陥る。そしてちょっとした怖い音を聞くなどして、霊の存在が内部表現に記述されると、ホメオスタシスの原理により、本当に霊が見えたり、痛みを感じたり、病気になったりして、さらに強烈な恐怖心を生み出してしまう。

これが脳の進化の結果であることは前述した通りだ。原始的な宗教に大体共通するのが、祟る霊である。やはり人が亡くなれば寂しいし、先祖を崇めたいのは当たり前の心情だ。そういう気持ちが変性意識下で霊を幻視させるのは、不思議でも何でもない。故に、あらゆる原始宗教に霊がいるのは当たり前だ。

霊を祀る日本独自の風習は、現在でも強く根付いている。本来ならば、仏教が伝来してきたときに「いや、すべては空だから、霊も空だよ」と、霊の存在を否定するべきだったのかもしれない。しかし、空の概念を説明したところで、実際に心霊体験に遭っている人には通用しないだろう。それこそ洗脳レベルで、相手の内部表現を操作して霊を見ないように仕向ける必要がある。ただ、日本仏教の技術では霊の概念を肯定しなければ、相手を臨場感世界へと引き込めない。要するに、葬式やお盆、お祓いは、霊が見える臨場感世界への介入に用いる道具であり、これがあるからこそ日本仏教は権威を持つことができたのである。

もちろん、ビジネス上の理由で、霊の存在を否定しなかったお坊さんも沢山いただろう。

特に戒名で稼ぐためには、霊にはいてもらわなければならないのだから、お釈迦様の言葉を檀家に伝えるわけにはいかないという事情も想像できる。ただ二十一世紀になったのだから、いい加減、宗教はお祓いをやめて、そろそろ「いや、すべては空だから、霊も空だよ」という説明をするべきだろう。

ところで、霊について面白いのは、実在しなくても、実在すると同じ効果があるということだ。それが洗脳の本質である。例えば、ある日本仏教の伝統宗派には、除霊（浄霊）を専門にする祈祷師軍団がいる。オカルトでも何でもない、まともな伝統宗派だ。仏教宗派に除霊を生業とする僧侶がいるということ自体、お釈迦様が腰を抜かす出来事だが、日本人がもともと祟る霊という概念に洗脳されていたところに仏教が伝来してきたのだから、これはひとつの日本的な仏教の方便の姿と理解すればいい。このフレクシビリティが、密教でヒンズー教の神様が取り入れられていたり、大日如来がアプリオリ的に想定されていたりするのと同じく、仏教ならではの包括性だ。絶対他力、アプリオリ阿弥陀如来の浄土教だってお釈迦様が腰を抜かす可能性があるし、大乗仏教※15そのものもそうだ。

さて、この祈祷師軍団の修行は大変厳しい。百日間山に籠もって、文字通り命がけの修行をする。そうすると圧倒的な法力が身に付く。我々にとって法力とは、内部表現を書き換える力だ。すなわち幻覚を消したり、幻覚を新たに作り上げたりする力といってもいい。

それ故、霊を見て怖がっている人たちに呼ばれて彼らが祈祷すると、実際に霊が消える。彼らが凄まじいのは、その霊を見て感じる臨場感が強烈なところである。操作する臨場感を百日間の命がけの修行で、徹底的に鍛え上げているのだから相当なものである。そしてたまたま体調が悪いなど、何らかの理由で悪霊との闘いに負けてしまうと、本当に病気になったり、最悪死んでしまう僧侶がいるというところだ。これは、聖痕現象で掌から血が流れるのと同じである（実際には、杭はイエスの手首に打たれたらしいが、信者は掌と強く信じているために、掌から血が流れる）。それが仮想空間の出来事であっても、その臨場感が強烈であれば、強いホメオスタシスフィードバックの作用で本当に生体に異常をきたし、場合によっては死んでしまうこともあるということだ。

こうなると、霊はいないという言葉の意味がなくなる。お釈迦様のいうように実在はしていなくても、それを見て恐怖におののく人がいて、また、それと闘って勝てば消滅できるし、負ければ死んでしまう僧侶がいる以上、霊はいるというべきなのだ。「霊は存在するが、その実態は空である」というのが正確な表現であろう。もしくは「霊に実性はないが、世俗的には存在する」ということである。情報空間（仮想空間）にしか存在しないが、物理的に実在するのと同じ影響を生身の身体に与えるということだ。

ここに洗脳の危険性がある。霊と闘う宗派は、霊の概念に洗脳された日本人——二十一世紀になってもその洗脳が解けずにいる日本人に対して、あくまでも洗脳された仮想空間を領域として、霊と闘うという実践的な方法論を選んでいるのである。彼らにとっては、そちらの方が救いの効果があるという論理である。

これは脱洗脳及び、洗脳護身術でも同じ論理が通用する。洗脳下にある相手に向かって、論理で説き伏せようとしても通用しない。論理的に教義の誤りを指摘しても、被洗脳者には無駄である。そのため、相手が依存している仮想空間に、こちらから介入して洗脳者と闘い、そして勝たなければならない。自身がその仮想空間に強烈な臨場感を持たなければならない。そこで仮に、自分が負けてしまうと、現実世界でも生体に影響が出るだろう。

仮想空間での死が物理的生体の死と直結している映画『マトリックス』[※16]の世界は、ＳＦでも何でもなく、宗教の世界では昔から続いていることである。そして脱洗脳の現場では日常茶飯事の出来事なのだ。

こういった現象は、気功で相手の病気を治す現象でも同じことがいえる。レベルの高い気功師は、祈祷軍団の僧侶のように強烈な変性意識を引き起こし、圧倒的な力で患者の内部表現に介入できる。これによりホメオスタシスフィードバックを変更し、相手の生体を変化させてしまうのである。もし、内部表現が病のない状態に書き換えられたならば、生体はホメオスタシスフィードバックにより病をなくすしかないのである。

洗脳者は、我々の内部表現にあらゆる書き込みをして、我々を制御しようとする。洗脳者が書き換えやすい仮想世界に我々を引きずり込もうとする。これと闘っていくことが、洗脳から身を守るということである。洗脳護身術はその名の通り、あくまで護身術だが、武道の護身術が攻撃の技術を内包しているように、洗脳の技術を内包している。これについては本章の後半で学ぶことになる。

いかがだろう。精神世界の存在、そしてそこで繰り広げられる洗脳の闘いについて少しはイメージが掴めたのではないだろうか。

では、そんな仮想空間に介入して洗脳者と闘うには、具体的にどうしたらいいのだろうか。洗脳護身術を体得するには、その準備段階として次の三つの技術を習得しなければならない。

精神の基礎体力の育成

変性意識の生成

マインドエンジニアリングの体得

いったいどういった技術なのか、皆目見当も付かない人も多いだろうから、一つ一つ詳細に解説していく。どの技術も洗脳と洗脳からの護身の根幹をなすものなので、少々難解な箇所があっても頑張って学んでいただきたい。

◉洗脳護身術の土俵――変性意識の生成

まず最初に解説していくのは、変性意識の生成である。すべての洗脳作業は、この変性意識状態のもとで行うため、変性意識を生成できないと話にならない。いかにしてより速く、深い意識を生成できるかが、洗脳家の腕を見きわめていくポイントである。

変性意識は、精神医学的には「乖離状態」として説明されている。自身の意識が現実世界から離れてしまった状態である。本書ではこれが、物理的現実世界ではない仮想世界に臨場感があり、ホメオスタシスフィードバック状態がある状態だと定義した。身近な例を挙げると、映画やゲームが作り出す世界に没頭してしまったときに起こる、自分の視点が身体から分離したような意識状態がそうだ。現実世界にいるが、その視界はゲームや映画の世界に同化してしまった状態である。特にその意識の変性度が高いとき、外から見ても何か違うと思われるぐらいのレベルがある。これはトランス状態と呼ばれているものだ。

トランスと呼ばれる、レベルの強い変性意識状態に陥ると、普段なら目に見える普通のものが見えなくなってしまったり、違ったものに見えてしまうようになる。カルト信者などは、脱会させようと懸命になる両親の顔が、悪魔に見えたりするという「幻視」が生じる。催眠ではこの状態を利用して、嫌いなものを好きにさせる操作をしたり、痛みを感じさせなくする「負の幻視」手法がある。

変性意識状態は、洗脳護身術における闘技場に当たる。どういうことかというと、格闘技なら、その種目によって闘技場が違う。力士であれば闘いの場は土俵だし、ボクサーだったらリング、柔道ならば畳の上。異種格闘技は別として、力士がリング上に立つことはないし、その逆もない。なぜならば、自分にとって有利な場所に相手を引き込まないと勝算が低いからだ。洗脳の場合、その闘技場が変性意識状態なのである。異種格闘技のリングが変性意識状態というべきかもしれない。

先程、映画の世界に臨場感があるときが、変性意識状態の例であると説明したが、仮にその映画に出演している俳優が劇中で何らかの洗脳的手法を用いた暗示を施したら、観客は知らず知らずのうちにその情報を読み取り、洗脳されてしまうだろう。極端な話、映画俳優が格好良く見えること自体、洗脳的手法が用いられているといっても過言ではない。これは観客が、その俳優の闘技場に足を踏み入れてしまっているからだ。もちろん、映画に限らずテレビでも同じだ。誠実そうな外見をしたアナウンサーがニュースを伝えるとその信憑性は増すし、国民的アイドルが着た服は可愛く見えてきてしまう。これらをもっと突っ込んで利用していけば、洗脳作業はより容易になるのだ。かつて、オウム事件が話題を呼んでいた頃、ブラウン管に上祐現アレフ代表が頻繁に映し出されていたが、私は新たなオウム信者の増加を懸念して何度か警告したことがある。

変性意識は自分だけでなく、相手もその状態に陥らせなければならない。そうしなければ、共通の土俵を作ることができない。相手の中に変性意識を生成する方法はいくつかあるが、有効なのは、呼吸を使った生成法と気功から起こす方法だろう。具体的な生成法をここで解説していくと長くなるので、呼吸法は第二章を、気功法は第四章を参照していただきたい。いずれの方法も、基本的には、まず自分自身を変性意識状態にして、それをそのまま洗脳したい相手に同調させるというものだ。

ちなみに密教などの修行の中には、自身から生成する方法とは別に護摩焚き[※17]という儀式や、法具で音を鳴らして相手の中から変性意識を引き起こす方法がある。ただ、これらの技を習得するには最低でも五年、長ければ十年以上はかかるので、最初は自身の中から変性意識を引き起こす技を習得した方がいいだろう。呼吸法や気功、それに加え、後のステップで紹介する催眠療法の応用などを組み合わせていけば、より強い変性意識が作り上げ

られるようになるだろう。音楽などを効果的に使って変性意識を生成するのも一つの手だ。※18

◉精神の基礎体力を鍛える

洗脳の闘技場について理解したら、次は、精神世界で闘っていくために、格闘技でいう「パワー・スピード・テクニック」の素養に当たる、「精神の基礎体力」を解説していこう。

精神の基礎体力は、高度に抽象的な空間を身体性をもって体感し、操作できるような能力を意味している。これは人間ならば誰もが持っているが、長い間封印された力である。具体的なイメージはわきにくいだろうが、簡単にいうと想像力で生み出したものを操ったりすることだ。例えば、子どもの想像力が豊かなのは誰もが認めるところだろう。宇宙人、怪物、地下帝国、スーパーマン……。彼らは大人だと失笑されてしまうようなことを真剣に信じ、その姿、世界をさも本当に見ているかのように臨場感をもって思い浮かべられるし、それを自らの世界として操作することもできる。

本来は大人も、こういった目の前の現実以外の世界を自由に構築して、体感する能力を持っている。夢などもそうだ。夢を見ているときは、想像上の世界がリアリティをもって感じられるだろう。これらの想像した世界に構築した事象を自在に動かせる能力が「精神の基礎体力」である。夢を見ながら、そのストーリーを自分で変えた経験を持つ人もいるのではないだろうか。自分の身体で実感するレベルまで、想像の世界に臨場感を持ち、そのうえで世界の構築物、例えば橋であれば橋を持ち上げてみせる。そのパワーこそが精神世界での基礎体力に当たるのだ。

「精神の基礎体力」は身体能力と同じように、生得的に優れている人と、後天的に身に付けた人の二種類に分かれる。また、精神世界内での体力は、物理空間での体力と比例することはない。物理空間でどれだけ強靭な肉体を誇っていても、精神世界の中では脆弱かもしれないし、逆に物理空間では年老いて身体が小さくとも、精神世界では巨大な力があるかもしれない。生得的に精神の基礎体力がある者は、精神世界に臨場感を持ちやすく、空間把握能力に優れている。これはＩＱが高く、数学者や哲学者、芸術家などに多い。人類の脳の進化がもたらした力といえるだろう。

精神の基礎体力は、物理的体力と同様、鍛えて強くすることが可能だ。手っ取り早い鍛錬法は、武道を習うことだろう。先程私は、精神世界と物理的世界では、体力は比例しないと説いた。しかし、心と身体というのは密接に繋がっており、肉体を鍛え上げることで精神も鍛えられるケースがある。その典型的な例が武道である。剣道、柔道、合気道、空手……。己に打ち克つために身体を鍛え、技を磨く。これが精神の基礎体力にも繋がっているのだ。天下無双の剣豪として知られる宮本武蔵も、剣の腕が上がれば上がるほど、その精神も鋭敏に研ぎ澄まされるようになったに違いない。きっと彼の精神の基礎体力は、驚くほど強かっただろう。ただ、物理的空間では役に立つものの、精神空間では全く力が付かない武道もあるので、その点は注意してほしい。

他の鍛錬法では気功が有効だ。例えば動功。いわゆる太極拳や五禽戯※19などだが、これは身体を動かして気の流れに影響を与える方法論だ。気を動かすということ自体が精神世界での運動であり、精神の基礎体力の訓練である。しかし、より有効なのは静功、つまり瞑想である。身体を動かさずに気を動かす鍛錬である。もちろん瞑想は、気功に限られる方法論ではない。瞑想において動かすものは気に限らず、あらゆる情報的な存在である。

◉瞑想の実践法その一「止観」

瞑想と聞いて、真っ先に思い浮かべるのは、宗教の修行だろう。宗教における瞑想は、もともとインドや中東から発生して仏教方式やヨガ方式が有名になっているが、それ以外でも道教※20やキリスト教、イスラム教やユダヤ教などでも一般的な修行として取り入れられている。

瞑想には二つの種類がある。一つは、煩悩を振り払うために生まれた瞑想。大乗仏教などは空という概念をベースとしており、禅などでは、空を座ることで体得する。そこで瞑想は、座禅を組んで何も考えない状態だと誤解する人がいるが、空は何も考えないことではない。「止観」は禅の原型であるが、それは何も考えないのではなく、思索という行為を中断して、存在をありのままに経験することだ。考えるのを放棄するのではなく、一瞬心を止めて宇宙を観る。その瞬間に純粋経験[※21]を凝縮する。「止観」を、煩悩をちょっと止めて観るという意味でとらえてもいいだろう。有名なところでは天台智顗[※22]の小止観（Xiao Zhi Guan）がある。

天台小止観には、「若心無染著　一切生死業行止息　若生死業行止息　即是泥」という一文がある。『現代語訳　天台小止観[※23]』の筆者である関口真大氏の訳を引用すると「もし、それに染まったりとらわれたりすることがなければ、一切の生死の業や行いは止む。もし生死の業や行いが止めば、それが泥である」とある。ここでいう「泥」とは、「悟り」のこと。そして、この業や行いが止まった状態が止観の「止」である。この「止めて観る」が一つの重要な瞑想法なのである。実は洗脳の奥義も「止めて観る」ところにあるのだ。

では、この止観の方法論の一つを具体的に紹介しよう。例えば、あなたが一人で山小屋に籠もっていたとする。そこでは開け放たれた窓から風が入ってきたり、小鳥の囀りや川のせせらぎ、そして自分の呼吸音などが聞こえてくる……。あなたはそれらの音をすべて同時に聞かなくてはならない。そして自分の生きているすべての事象、なぜ自分は存在するのか、といった哲学的観念も含めて同時に認識するのである。

このとき足が痺れて痛いとか、腹が減ったとか、生理的な欲求にとらわれてはいけない。この「とらわれてはいけない」は「感じてはいけない」ではない。それを感じるのはいいが、とらわれてはいけない。

「空」は、ありのままの今だけではなく、過去、未来、そして物理空間から精神世界までのすべてが、ダイナミックに詰まった状態を指す。あらゆる仮想世界が一瞬に凝縮された状態、「一念三千」[※24]と呼ばれる状態である。ダイナミックなのは、それら無限の構成要素の関係（仏教用語で「縁」）が、新たな関係を常に生み出している（「起」）からである。そしてこの「縁起」の世界が空なのだ。もちろん、その構成要素のどれか一つを、指で指し示したところで、構成要素自体はあらゆる動的な関係で成立しているため実態はない。もの（概念）は、関係の集合で表されるという現代的な見方、現代分析哲学における【】の記号で書かれる完全自由変数が空なのである。

どのような情報と掛け合わされても（単一化されても）、それは無矛盾である。情報がない状態であり、だからこそすべての情報を内包（包摂）している状態なのだ。故に止観は、考えを止めているだけでなく、ありったけのことを同時に考えているともいえるだろう。「一念三千」という言葉はまさにここに由来している。そしてこの「ありったけ」は、その人の脳内情報処理の限界を意味し、人間の脳は、訓練するととてつもない情報処理能力を発揮するようになる。悟った脳は全仮想空間を一瞬で体験するのである。

◉瞑想の実践法その二「遮那」

二つ目の瞑想方法は、空を体感する止観とは違って、ある具体的なイメージを作成する方法論だ。密教の世界では具体的なイメージ、それもストーリー性を持ったきわめて複雑な図柄を、立体的なイメージとして描くことが重要な瞑想法とされている。チベットでは、仏教のみならず、グル（教祖）の姿を事細かに思い浮かべられるまでイメージを作り上げているし、日本でも大日如来や阿弥陀如来の姿を具体的に描けるまで想起する方法が伝わっている。また、密教だけでなく、インドのヨガなどでも積極的に取り入れられている。密教の業法は遮那法と呼ばれているので、本書では、第二の実践法を「遮那」と呼ぶ。

遮那は、精神の基礎体力を鍛えるために、古くから伝えられる手法である。この方法は、宗教の思想にとらわれることはない。つまり、皆さんがイメージする対象物が、神や仏様である必要はないということだ、巨大なビルでもいいだろうし、美しい女性の姿でも構わない。しかし、何をイメージするにしても、その細部までイメージしなければならない。

　巨大なビルであれば、精神空間上に一つの大きなビルを建て、内部まで正確にイメージする。土台はどうなっているのか、鉄骨はどう組まれているのか、駐車場の構造はどうなっているのか、ビル

瞑想法

座禅を組んで瞑目し、リラックスした状態を保つ。
川のせせらぎや、小鳥の囀りから自身の心臓の鼓動まで身辺の事象のすべてを受け入れる。
さらに自身が生きている宇宙から、自分の存在理由など哲学的な観念を認識する。

リラックスした姿勢を取って瞑目する。

想像上に巨大なビルを建立する。

鉄骨の仕組みやテナントなど、ビルの内部構造から外観まで細密にイメージする。


ビルをイメージしたときと同様、今度は車をイメージする。

エンジンルームからタイヤのゴム質まで車体の各部を細密にイメージ。

イメージしたすべてを稼動させ、想像上で車を走らせる。このとき、実際に車が走る整合性を保っていなければならない。

内のテナントには何が入っているのか、レストランはあるのか、エレベーターは何台設置されているのか……。すべてを子細に思い描き、かつ、いつでもそれらを正確に再現できなければならない。とにかく、ものすごく細かく見ることが重要だ。女性の姿ならば、容姿はもちろん、髪の毛一本から内臓器官、さらには細胞レベルまで描き出す。車の場合だったら、エンジンルームからシャーシ、タイヤのゴム質まですべてだ。

この綿密なイメージを描き出す作業が、洗脳護身術では重要になってくる。洗脳では、精神世界に描き出したイメージを、いかに正確に操作できるかで、その術のできが変わってくる。そして対象物を操作するためには、立体的なイメージを緻密に構築する必要があるのだ。このイメージの操作は、気功の外気治療などにも通じてくる。外気治療では、人体の内部を細かくイメージし、その中の患部に情報空間の手を指し入れて病を治すのである。

イメージする対象物が細かく、そして巨大になればなるほど、精神の基礎体力は増強されていることになる。この遮那瞑想による「修行」は、精神の体力を付ける後天的な訓練と説いたが、人類の先天的な能力の封印を解く作業というべきかもしれない。

◉洗脳される危険性

遮那瞑想で対象物をビビッドにイメージできるようになれば、精神の基礎体力はひとまず合格レベルに達したといえるだろう。密教の修行では、山に籠もって最後に仏様を見たかどうかというテストがあるが、ここでは各自の判断に委ねることにする。

また、イメージした対象物は自分の意志で自在に操作できるようにしておかなくてはいけない。動かしたり、伸縮させたり、回転させたり……。とにかく自分の意志で動かす必要が出てくる。誤解してほしくないのは、イメージするものは別に実物と全く同じである必要はないということ。実際のポルシェのエンジンと、イメージしたエンジンが異なっていても構わない。その代わり、エンジンが異なっていても稼働し、車を走らせられる整合性は必要だ。このイメージ操作は、洗脳護身術の次のステップで生きてくる。

ところで、精神の基礎体力を鍛えたとき、一つ注意しておきたいことがある。それは洗脳される危険性だ。洗脳護身術を習得しようとしているのが、逆に徒となるのは皮肉な話だが、ビビッドなイメージを容易に作成できると、同時に他人の作ったイメージにもはまりやすくなる。そして整合性を維持できることは、そのイメージを他人が操作すれば、それに自己のホメオスタシスが追従してしまうということである。すなわち洗脳されやすくなってしまうのである。そのため、イメージするものは、他人が細部まで操作できない、また全体を操作できない、詳細かつ巨大なものがいい。そして他人の作ったイメージよりも、必ず自己が選択したくなるイメージがいい。故に、信仰心のある人は、自分の宗教の神や仏様をイメージするのがいいし、ない人は少しでも巨大なイメージがいい。

この巨大な身体をビビッドに、無意識下で常に臨場感をもって感じていると、洗脳されることはない。人が洗脳されるというのは、洗脳者が築き上げた世界に体感的な臨場感を持つことを意味する。ビジュアルとして細部まで見えるために、そこから操作されやすいのだ。これは生得的な精神の基礎体力がある人、つまり空間把握能力やＩＱが高い人も同様。オウムの信者に高学歴の人間が数多くいたのも、そういった理由からだ。どうやら人類は抽象思考にかかわる脳の部位（前頭連合野に代表される）の肥大化と、機能の高度化を手に入れた代わりに、洗脳される危険性という避けられない宿命を持ったようである。だからこそ、精神の基礎体力の訓練を進めれば進めるほど、巨大なものの臨場感が重要になってくる。

瞑想による訓練は、洗脳者と闘う基礎を作るためには非常に有効だ。二十一世紀は、ビジネスや政治、社会生活の中にも洗脳的な手法がどんどん取り込まれていくと予想される。洗脳的な手法で、脳内の情報処理をコントロールしようと仕掛けてくる相手に対して、予防線を張っておくことは、もはや必定だろう。

また、宗教の門下生となって修行するなら、洗脳されるリスクを避けるために、それ相応の宗派を選ばなければならない。日本国内なら、自分の実家が属する伝統仏教の宗派が一番安全だろう。密教をやるならば、東密、台密といわれる真言宗や天台宗などの伝統宗派を選ぶべきだ。

◉相手の心とシンクロするホメオスタシスの力

細密にイメージできる力を培って、精神の基礎体力が一定のレベルにまで達したら、いよいよ洗脳護身術の核心となるマインドエンジニアリング（内部表現の操作）について解説していこう。

これは自ら作り上げたイメージを、洗脳したい相手の心に植え付ける、要は相手にも自分が見ているイメージを見させて、なおかつそれを操作するテクニックである。もっというと、相手の心の中にでき上がっているイメージを自分もイメージし、それを操作することで、相手の心の中のイメージも同じように動かしてしまうのだ。

マインドエンジニアリングを理解するには、まず相手の頭の中をイメージしなければならない。相手の心はどうなっているのか。文字的にイメージする人もいれば、画的にイメージする人もいるだろう。視覚的にイメージするのが一般的だが、音が得意な人は聴覚的にイメージしても構わない。相手の頭の中をイメージしたら、そこへ自分が作成したイメージを移植、ないしは相手のイメージを操作していく。

では、具体的にはどうすればいいのか。

ここでは、洗脳護身術で大切な要素をしめる、ホメオスタシス（恒常性）を利用する。ホメオスタシスとは、我々の身体を安定した状態に保とうとする、生体の自律的な作用であると説明した。呼吸や心拍のリズムが一定だったり、体内の末梢循環（血圧、血流）が安定しているのは、この作用が働いているからである。裏を返せば、高血圧や心不全などは「ホメオスタシスが異常な状態」ととれる。また、我々の身体は気温や季節の変化、外敵との関係といったような外的要因（環境）にも、常に反応して生体を維持している。このような「フィードバック関係」こそが、ホメオスタシスの基本的な仕組みであると本書の冒頭で説明した。

ホメオスタシスの種類は、呼吸や心拍のような短い間隔のものから、体温や睡眠といった、より長い周期のものまで様々だ。暑いと発汗するのもホメオスタシス現象の一つ。女性の生理周期が月齢なのもその例だ。秒や分単位の短いホメオスタシスは、神経の認識能力や循環器の物理的性質が要因で、一日から一年という長期的なホメオスタシスは、地球の自転や公転、月の引力などの物理的外因が進化に影響を与え、人類を最適化させた結果によるものと考えられる。生体の調子は、それぞれのフィードバック関係に適切な時間のスケールで、「1／fのゆらぎ[※25]」を保ちながら微調整されている。例えば、体温などは昼に高くて夜に低くなるという規則正しい周期を基本にしつつ、より短いスケールで常に不規則（ゆらぎ性）で、周囲の状況に反応しながら生体を維持している。我々の身体はこのようにあらゆる系が合わさり、高次のシステムを作っているのだ。

ホメオスタシスは、体内のあらゆるシステムに、環境とのフィードバック関係を実現し、人類が進化するプロセスで複雑化してきた。これは生命が生き残るために進化させた、遺伝的エンコードの結果といえるだろう。そしてその過程で、生命はとてつもない力を手に入れた。それは「予測」と「一般化」を可能にする力、つまり「イメージ化」（表象化）の能力である。これはさらに高度な能力である「言語化」の前提要因でもある。

例えば、外敵が目の前に現れた場合、人間は視床下部や扁桃体が危険を回避するための興奮信号を自律神経系に送るが、このとき指示を出す視床下部では、周囲の環境を時間軸も含めて何らかのイメージ化を行う必要に迫られる。過去に経験した危機的な状況をイメージ化して現在と比較し、直面した危機を回避しようというわけだ。このときもし、過去の経験が乏しく危機的イメージを想像できなかったら、人間は危険信号を出すことなく敵に襲われてしまうだろう。

また、体温の変化を例に挙げてみると、人間の身体は外気の急速な温度変化に適応しつつ、二十四時間サイクルの緩やかな変化も安定して維持できるが、これは周囲の環境がイメージ化されていないと、急激なホメオスタシスの作用が長時間の生体維持活動を破壊してしまうだろう。視覚野などの初期認識野のみならず、第46野※26なども包括する経験の認識と解釈が、何らかの形で脳内に保持され、そこから過去と現在の状況の類似性が認識され、未来が予測できるようになるのだ。

このように、常に生体が安定した状態に向かうように、人類の進化を最適化させてきたホメオスタシス。では、このホメオスタシスは、相手へのイメージ植え付けと、どのような関係にあるのだろうか。

ここでは、人間が持っている不思議な同調作用がポイントになってくる。例えば、二人の人間が長い間一緒にいると、自然とホメオスタシスが同調してくる。意識していなくても、勝手に呼吸や心拍のリズムが同じになるのである。女性同士が同居した場合などは、二人の生理周期が一致してくることも知られている。※27

これらの事実は、自分自身のイメージさえ自由に操れれば、何もしなくても相手の世界に割り込んで影響を与えられる可能性を示している。実際、ある程度「精神の基礎体力」が充実していれば、指で軽く肩に触れる程度で、相手を安心させ熟睡させることぐらいは容易だろう。会話を交わす必要はない。ただ、ホメオスタシスの原理を利用すれば、当たり前に起こる現象なのである。

◉マインドエンジニアリングの科学

ホメオスタシスの同調を利用すれば、変性意識下の自分のイメージを相手にも見させることができる。まさに人類の生体の神秘を利用した術だといえよう。

ところで、このマインドエンジニアリングのメカニズムについて、もっと理解を深めるには、その歴史的背景や思想も視野に入れておかなくてはならない。先の精神の基礎体力では、武道や瞑想など、東洋の伝統が取り込まれていたが、マインドエンジニアリングでは一転、西洋的手法である精神医学や認知科学が中心になってくる。

現代の心を扱う精神医学の療法は、欧米に何百もの流派があるが、マインドエンジニアリングに最も近いのは、心理療法におけるエリクソン派の方法論だろう。これは精神医学の大家ミルトン・エリクソン※28がはじめて取り組み、その後彼の弟子たちによって体系化された療法だ。精神医学の歴史としては画期的で、人間の心に介入しようとする視点に重点が置かれている（介入的手法）。

マインドエンジニアリングは、方法論としては一九三〇年代から存在していたが、これが西洋心理学で主流となるに至ったのは、認知科学が台頭した一九八〇年代以降のことだ。マインドエンジニアリングは内部表現の操作を前提とするため、これを真っ当に扱えるようになるには、それをパラダイムの中心とする認知科学の台頭まで、待たねばならなかったからである。

認知科学以前は、行動主義※29が中心的パラダイムであった。それは人間の心をブラックボックスとしてとらえ、その内部を意図的に無視する立場である。つまり内部表現はないものとして人間の心理をとらえる主義である。行動主義は心理学を科学として迎えるために、実験的再現性を重要視し、外部からの入力とそれに対する反応出力の組み合わせで、人間の心を定義しようとした試みである。ただ、実験心理モデルの例を挙げれば、「人間は殴られると泣き出し、もう一度殴られると怒り出し、さらに殴打されると気絶してしまう動物である」と定義付けてしまうような限界があった。

極端な定義に聞こえるが、当時の実験心理の実験（心理物理実験と呼ばれる）では、パラメータである実験群の自由変数は三つ程度であったから、まさにこのレベルだったのだ。

人間の心を、入力と出力の組み合わせだけで解こうとしても、実際は心の中であらゆる複雑な処理がなされているのだから、自ずから限界があったのだ。結論としては、内部表現を無視して人間の心は解き明かせないということだ。数年前に流行ったサスペンス映画や異常殺人本のプロファイリングなどは、行動主義をベースとした行動心理学のいい例だろう。物証と状況証拠から過去の類似犯罪行為と照合して、犯人の行動や行為の心理分析をプロファイリングするという考え方は、行動主義の方法論であった。

介入的なエリクソン派の方法論の周辺では、もう一つ違った方法論にも注目が集まっていた。カウンセリングの神様と呼ばれた、カール・ロジャース※30という精神科医が開祖である口ジャース派の非介入的な方法論である。この方法論は長く心理療法の中心であった。介入的な操作には内部表現の操作が必要であり、これは失敗すれば危険な副作用を起こす。故にその操作による副作用のない安全な方法論が主流であったのは当然である。非介入法はカウンセラーが余り口を挟まず、聞き手に回るような方法論である。ただ、実際のカール・ロジャースの文献を読むと、彼自身は決して聞き役に徹していたわけではない。場合によっては、患者よりも多く言葉を発しており、介入的な方法論を積極的に取り入れていたようだ。現代的な見方をすると、実際のカール・ロジャースが行っていたことはエリクソン派に近いという感がある。ただ、ロジャース派といえば非介入的な方法というのが一般的な印象である。

　これらの行動主義及び非介入的手法に代わって、エリクソンの介入的手法が受け入れられるようになったのには、ベトナム戦争の影響が強いといわれている。というのも、非介入的手法では、クライアントが一週間に何度もカウンセラーのところを訪れて、年単位で治療していく必要がある。しかし、ベトナム戦争によって、何十万人もの兵士が「隣の兵士の頭が吹き飛んだ」「両足を失ってしまった」など、強烈なトラウマを抱えて帰還してくると、非介入的手法では追い付かなくなってしまったのだ。これに対して、介入的手法は「ブリーフセラピー」[※31]に代表されるように、一回から数回の面談で問題を解決させようとするので、一人当たりの治療期間が短くて済む。そして実際に帰還兵士への治療効果が、成果を上げたのである。また、出産後の妊婦が、二泊三日で病院を追い出されるというアメリカの保険治療の制度も、少ない回数の面談で治療効果を上げる介入的方法論を流行らせる原動力になったと推測される。

　現在、介入的手法が全く安全かといわれれば、そうともいい切れない。心のモデルを無視する行動主義や、ただひたすらに話を聞く非介入的手法と異なり、クライアントの心の内部表現に直接操作を加えるのだからリスクはある。それ故、介入的手法を使えるようになるには、臨床の現場で経験豊富なカウンセラーの指導を受ける必要があるだろう。

アメリカでは、各州の臨床心理士資格を取るために、臨床心理修士号取得後、インターンとして二年間の臨床経験が義務づけられているし、そこから博士課程（Ph.D.）を修了していなければ介入的手法を使うことはまずないだろう。ご存じの方も多いと思うが、アメリカにおける博士課程は入学試験がきわめて厳しく、臨床心理系の典型的なプログラムで、応募者百五十名に対して入学できるのが五名ほどのレベルだ。

洗脳護身術では、この介入的な心理療法の技術を取り入れているが、それはあくまでも介入的マインドエンジニアリングの洗脳技術への応用である。臨床を目的としているわけではない。そのため、本書では介入的手法のエッセンスである内部表現の書き換えの技術のみを解説していく。心理療法としての介入的手法に興味のある方は、日本国内で臨床心理の修士課程を修了したうえで、アメリカのPh.D.もしくは、MDプログラムに挑戦することをお勧めする。

◉認知科学と東洋哲学

マインドエンジニアリングの背景については、もう少し補足しておかなくてはならない事柄がある。認知科学、すなわち人工知能の研究と、東洋哲学についてである。

一九七〇〜八〇年代に台頭した認知科学は、基本パラダイムであるファンクショナリズム[※32]といわれる考え方の台頭であった。これは人工知能研究のドグマでもある。ファンクショナリズムとは、心はきわめて多数の関数（ファンクション）の集合であるという立場である。人工知能研究は関数である以上、脳で計算しようがコンピュータで計算しようが同じ答えになるという考え方をベースに始まった。例えば、1＋2＝3という式は、1と2を足すという関数に入力した結果が3なのだが、これは暗算でも電卓でも算盤でも答えは同じはず。ということは、人間の心を表す関数群を作り上げれば、それはかなり複雑になるだろうが、計算するのは脳でなく、コンピュータでもいいわけだ。これは究極的な二元論[※33]の発想である。

このような考え方を人工知能研究では、ストロングＡＩ[※34]と呼ぶ。人工知能研究は、このストロングＡＩをドグマとして、さらに強力なスマートウェポンを作りたい国防総省の思惑と一致して、一九八〇年代、時代の最先端として花開いた。私がイエール大学やカーネギーメロン大学で、人工知能と認知科学の研究を進めていたのも、まさにこの時代だった。結局、巨額の資金を投入したにもかかわらず、人工知能は完成を見なかったが。

今では、ストロングＡＩの理論を支持する研究者はほとんどいない。人間の脳に似た情報処理を行うには、人間の脳に似たコンピュータを作らなければならない。しかし、脳の情報処理は、高度に抽象化された情報処理と物理世界に近い情報処理が相互関係を持って混在しているため、数理科学的な手法でファンクションとして記述するのは、困難をきわめる。それ故、人間の心を解明し、これを人間が関数群として記述するというのは、不可能であるというのが一応の結論だ。また、ストロングＡＩと同時期に、コネクショニスト[※35]と呼ばれる研究者たちが推進してきた、脳内の神経の動きに少し似た、非線形の偏微分方程式を利用した情報処理が、カーネギーメロン大学を中心に成功を収めたことも、ストロングＡＩの排斥に拍車をかけた。

ちなみに、私の個人的な意見としては、脳における物理レベルの情報処理も、心理レベルにおける抽象化された情報処理も本質は同じである。ただ、その記述の抽象度が、物理に近いか抽象度が高いかといった、観測者の記述の問題にすぎないと考えている。

一方この脳と心理の対比について、科学的視点で突き進んできた西洋的思想と対照的な道を歩んできているのが東洋の思想だ。特にインド哲学では、脳と心の一体性というのは、当然としてとらえられている。例えば唯識では、宇宙は「識」の生み出すものとされている。識とは、心と訳される場合もあるが、それでは西洋的な唯心論[※36]と誤解されやすいので、ここではあえて「識が生み出す」とする。つまり、宇宙は心ではなく、情報で成り立っているという考え方だ。

唯心論は、我々の心が宇宙を生み出している考えだが、それだと仮に心を持った人間が進化しなかった宇宙があれば、宇宙は存在しないということになってしまう。唯脳論が、脳がなければ宇宙がないという破綻をきたすのと同じである。唯心論は、思考もしくは認識という行為が、宇宙やその行為の主体自身をも生み出していると考えるが、唯識論では宇宙には最初から「識」というものがあって、これが宇宙のすべてを生成していると考える立場といえばより分かりやすいかもしれない。現代的にいえば、唯情報論である。もちろん、アプリオリな存在を否定する仏教哲学ではその「識」さえもが、アプリオリな存在ではなく、縁起の因果で動的に生成されていると考えるわけだが。

マインドエンジニアリングの手法が、密教の手法と似ているのはこの点である。行動主義を超え、ストロングＡＩを超えた現代の認知科学は、脳内の情報処理と心理レベルの情報処理の連続性を前提としている。機能（心）と脳という、二元論で長く切り離されてきたものを統合して扱う機能脳科学という学問の名前が、それを示唆しているだろう。認知科学で機能と脳、すなわち心と脳を統合するのは内部表現である。内部表現は物理空間からマインド空間（情報空間）まで広がっていると考える。これに介入する手法が、ホメオスタシスを利用したマインドエンジニアリングである。

密教における瞑想で作り上げたイメージの操作や、加持などの行為もこれに当たる。情報空間の操作に圧倒的な臨場感を持たせることで、肉体にまで影響を及ぼすという方法論である。ヨガや道家の方法論としての気功も同じだ。「気」は内部表現そのものである。「気」は物理空間から情報空間まで広がっているのだ。気功は、気を動かしたり、書き換えたりすることにより、相手の身体や精神状態を変化させようというマインドエンジニアリングである。

◉両手の人差し指がくっ付く——暗示を巧みに使う

やや難しい話になってしまったが、とにかく以上の道程を経て、マインドエンジニアリングの現在があるということである。

さて、そんなマインドエンジニアリングだが、催眠などにおける伝統的な方法論でも十分に活用されている。例えば、両手を組んで両方の人差し指を一定の間隔をあけて伸ばした状態で「両人差し指を見ていると、だんだんと指が近付き、くっ付いていきます」といわれると、本当に指はくっ付いてしまう。実はそういわれなくても、両人差し指は自然にくっ付くのだが、暗示として用いられると、実際にその言葉によって指が勝手に動いたと思ってしまう。

これは昔からある催眠誘導の導入の一つで、認知科学的にいえば、内部表現の書き換えといえる。暗示の言葉で、生体現象として当たり前に起きていることを言語化し、それを表現化することで、脳内情報処理における内部表現において、術者の言葉と被験者の身体状態の内部表現を直結させているのである。より正確にいえば、生体現象として、物理空間とのホメオスタシス関係として起きていることを、あえて言語化することで、生体現象であるにもかかわらず、言語で記述された仮想空間の出来事として内部表現化し、それを暗示効果と思わせることで、その仮想空間に臨場感を持たせているのである。従って、その指が近付くという仮想空間に臨場感が生成されれば、後は暗示の言葉で内部表現に自由に書き込みが可能となる。その結果、ホメオスタシス現象として、暗示の通りに身体が従うのである。

きっかけは自然現象だが、それをマインドエンジニアリングにすり替えることで、術者は被験者の内部表現を掌握できる。両人差し指が術者の言葉によって、くっ付いてしまったと勘違いした被験者の脳内情報処理では、次の言葉として「両人差し指がくっ付いて離れなくなった」といわれると、これが内部表現に書き込まれ、実際に指が離れなくなってしまう。

これは被験者の生体状態の内部表現が、術者の発話認識を表現する被験者の内部表現と結び付けられてしまい、言葉による内部表現への書き込みに対して整合性を維持するために、生体状態の内部表現が「両人差し指がくっ付いて離れない」という状態を作ってしまうのである。また、組んでいる両手はもともと離しづらいので、今度は「両手を全く動かすことができない」と内部表現へ書き込みすれば、より臨場感が強まり、言語化された仮想空間との間で強化され、被験者の身体が自らの生体状態の内部表現を整合化させようとして追従するだろう。

では整合化は、なぜ起こってしまうのか?

人間が自動的に内部表現を「整合」するのは、生体にもともと備わっているホメオスタシス現象のせいであることは説明した通りである。

人間のように抽象化できる生物にとって内部表現は、物理的な生体の状態を超えた情報世界、つまり精神世界に広がっている。ということは当然、ホメオスタシスフィードバックの作用も精神世界に広がっていることになる。これを利用すれば、暗示の言葉に合わせて相手の内部表現に書き込み、書き換えができ、内部表現の変化に合わせてダイナミックに作用する情報空間に広がったホメオスタシスの作用により、動作を自在に操れるようになるのだ。

マインドエンジニアリングとは、このように情報空間に拡大した人間のホメオスタシスフィードバック回路に、介入的に操作を加えることだ。これが介入的方法のエッセンスであり、また洗脳護身術の基本テクニックとなる。人間は内部表現から逃げられない以上、書き換えが行われれば、身体と、そして心は従わざるを得なくなるのである。

◉相手にイメージさせる練習法――舞台演劇

暗示、つまり言語を使って相手のイメージを操作するのは催眠だけでなく、洗脳護身術でも重要な技術の一つとなる。

そもそも言語は、脳の進化に合わせて人類が手に入れた強力な脳への情報入力メディアである。言語の獲得以前は、音やイメージといった物理レベルの信号入力を受けた後、これを解釈して「危険」とか「安全」といった抽象度の高い情報に変換していた。言語は抽象度の高い情報を直接脳へと入力できる。人間にとって遥かに効率的で確実に環境と内部表現が、フィードバック関係を持てるようになったのだ。もちろん、言葉が新しい概念を生み出し、組み合わされることで、さらに高度な抽象度の情報空間とのフィードバック関係が可能になったのはいうまでもない。

言語は、内部表現の高次元な空間にアクセスできる有効な道具でもある。物理的な動作

舞台演劇

演技者はまるでそこに満天の星空があるかのように演技することで、観客に星空をイメージさせる。

演技者が巨大なビルが崩れる様を伝え、観客がそれを東京タワーをイメージしても、それが巨大な建物であれば構わない。

や状態を的確に表現できるので、運動や感情などの状態への働きかけにも向いている。事実、現代的な催眠では、内部表現への書き込みを言語だけで行う手法もある。

言語を使っての内部表現の操作を磨くために、参考になるのは演劇だろう。演劇には映画やテレビと違って、役者と観客との間に暗黙のルールが存在する。俳優が舞台に立って「星が綺麗だな」といえば、観客は懸命になって綺麗な星をイメージしなければならない。ここではリアリティを追求したセットや小道具は不要である。あくまでも観客が能動的にイメージしなければならない。映画やテレビでは、綺麗な星は既に用意されているので、わざわざイメージする必要がなく、この点が舞台演劇と違うところだろう。そして、この

「ルール」が適用されるのは、演劇を鑑賞している観客が変性意識状態にあるからであり、役者が変性意識への誘導と内部表現を書き換える技術に優れているからである。従って、精神の基礎体力をつけていくためには、舞台用のシナリオを読むのがいいだろう。最初はシナリオだけを読み続け、そのうえで実際の舞台を見るとより効果的だ。毎日舞台を見続けていけば、自然と基礎体力が鍛えられるはずだ。

また、言葉を余り使わない演劇、例えば舞台芸術や能、狂言、さらに現代的なものだと舞踏といったものも、マインドエンジニアリングを向上させるにはもってこいである。これらは演技者の身体の動きだけで、伝えたいことを表現する。観客も演技者の動きから想像力が掻き立てられるので、洗脳護身術に取り込めば、言葉を使わずとも相手の内部表現を操作できるようになるだろう。

いくら表現がうまいからといって、演技者と観客の想起するものが全く同じとは限らないが、発信者と受信者がイメージするものが一致する必要はない。演技者がビルのつもりでも、観客が東京タワーを想像していたところで全然構わない。要は、演技者がビルを倒したときに、観客の頭の中で東京タワーが倒れているかが重要なのである。

◉洗脳護身家としてのモチベーションを持つ

精神の基礎体力及びマインドエンジニアリングは、洗脳技術の基本となる。これらの技術は、宗教者、催眠術師、気功師などの職業だけでなく、俳優や舞台芸術家にも備わっている。特に基礎体力だけでいうと、私の知っているプロの宗教者や医療気功家たちの力は圧倒的だ。私は皆さんにも、彼らに負けないような力を獲得してほしいが、それはもしかしたら酷な願いかもしれない。というのも、洗脳護身術で必要な力というのは、傍目には大変分かりづらいものだからだ。

例えば、空手や柔道といった物理的空間の格闘技は、鍛錬を積めば自分が強くなっていくのがすぐに自覚できる。筋肉が付いたり、相手を打ち負かしたりといった、何かしらの確実な成果を目の当たりにすることができる。しかし、洗脳護身術は違う。ただ、精神を鍛えたいという理由だけでは、自分が精神空間で強くなったのかは疑わしく、本当に強くなっているかよく分からない。それ故、途中でモチベーションが低下してしまい、挫折することが多いのである。

逆に、宗教者や医療気功家といった人々は、モチベーションが下がることはない。彼らには千年、二千年といった長い伝統で培われてきた鍛錬法がある。そして、何よりも「悟りを開きたい」「人を救いたい」といった強烈な意志が、彼らに厳しい修行を乗り越えさせる。

もちろん、皆さんも「カルトの脅威を一掃したい」や「出世や恋愛の成就」といった動機があるだろう。しかし、それらの目標はある程度訓練を積めば、やがて達成されてしまう。そのため、それらの動機だけでは、人生のすべてを修行に費やす覚悟を決めた彼らには到底敵わない。宗教者や気功家が精神空間で強くなれるのは、その目標と方法論が長い伝統の力で確立されているからである。

皆さんがもし、本当の洗脳家、脱洗脳家を目指したいのであれば、自分の力を信じ、宗教者や気功家にも決して劣らない強き心を持ち続けていただきたい。さすれば、道は開けるかもしれない。

さて、次章からは洗脳護身術の基本中の基本である、呼吸を使った変性意識の生成から、内部表現の操作の方法を解説していこう。

第2章

洗脳術――呼吸を用いた変性意識の生成

仕事で成功したい。異性からもてたい。人の上に立ちたい——。人間は皆、それぞれの欲望、すなわち煩悩を持っている。別にそういう煩悩を持つこと自体は悪くない。問題は煩悩にとらわれることである。煩悩にとらわれたくなければ、二つの方法がある。一つは修行で空を悟り、煩悩を消滅させることだ。そしてもう一つは、欲望を叶えてしまうことだ。欲望が叶えば、とらわれるものがなくなる。

本章で解説していく洗脳技術の仕組みは、それらの欲望を叶えてくれることにおおいに役立つだろう。洗脳護身術は伝統的な宗教、特に密教として伝えられてきた秘術と、現代的な認知科学を結び付けたネオトラディショナルな方法論だ。初心者でも一、二カ月の練習で、安全にそれなりの効果を上げることができるだろう。他人に危害を加える心配のない方法論なので、安心して練習していただきたい。

◉変性意識と呼吸

前章では、洗脳護身術を体得するための下地として、変性意識、精神の基礎体力、マインドエンジニアリングの三つについて解説してきた。本章からはいよいよ、その訓練、実践方法を詳述していく。まずは、いの一番に体得しなくてはならない変性意識の生成法から話を進めていこう。

変性意識とは、洗脳護身術を駆使するうえで土台となる技術。洗脳護身術に関していえば、これができないと何も始まらない。そしてこの状態は、誰もが経験済みの状態である。映画やテレビ、ゲーム、読書……。何かに臨場感を持って没頭しているときの意識状態、それが変性意識である。

しかし、そういった体験から引き起こされる変性意識は、強度が足りないことが多く、自身で操作するのは難しい。例えば、映画に夢中になって現実感から引き離されて変性意識状態に陥ったとしても、自分で制御することは不可能だ。それ以前に、自分が変性意識状態になっていることに気付く可能性が低い。

また、映画によって変性意識状態にある人を、映画の内容を操作せずに洗脳することもできない。なぜなら、その人物は映画の世界に引き込まれたが故に、そこに臨場感をもって変性意識状態に陥ったのであり、こちらが意図して起こしたものではないからだ。そのため、その変性意識下のまま、映画からこちらに注意を向けることは難しい。こちらに意識を向けさせたら、映画の臨場感が下がってしまうだけだ。

さらに、中途半端な変性意識で実力のある洗脳家の前に立てば、相手の発する圧倒的な変性意識の前にいとも簡単に屈し、あっさりと洗脳されてしまうだろう。故に、本気で洗

弛緩法

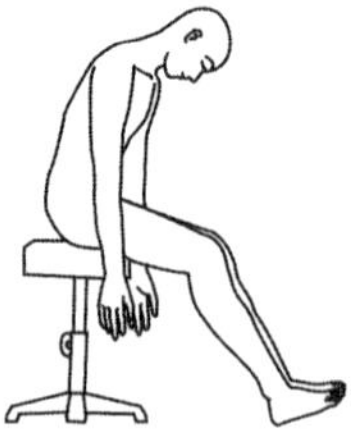

楽な姿勢を取り、全身の力を抜く。

さらに力を抜く。通常に座っていられず、鼻水が垂れるくらい完全に筋力を放棄する。

ありったけの声を出して喚き散らす。しばらくすると変性意識状態に陥る。

脳護身術を体得したいのならば、自分自身で制御でき、かつ強烈な変性意識を生成しなければならない。

変性意識を生成する方法はいくつかあり、色々な分野で取り入れられている。例えば、前章でも紹介した演劇。俳優は本来の自分とは別の人物になり済ますが、実はそのとき少なからず変性意識を生成している。そこでその意識をよりうまく引き出すために、弛緩法[※37]という訓練法がある。身体中の力を抜いて筋肉を緩めることで、変性意識を生成するのである。とにかく、抜け殻になったようにすべての筋肉を緩める。椅子に座っていれば、そこから転げ落ち、立つこともできないほどに。

さらには鼻水やよだれ、涙を垂れ流すくらいまでに全身の筋力を放棄する。次に、大声で喚き散らす。何も知らない者が見ると、気が狂ったのではないかと疑ってしまうほどの声を上げる。そうすることで、強烈な変性意識が生成されるのである。

弛緩法は強烈な変性意識を生成する手法としては確かだ。しかし、実際に行うには人目が気になるし、かといって部屋に籠もって練習したとしても、その叫び声で近隣の者に通報されかねない。そこで本章では、呼吸を用いた生成法を解説していこう。

呼吸法は、古来より密教やヨガを中心に用いられてきた伝統的な手法である。呼吸は心臓の鼓動や体温と違って、ホメオスタシス現象の中でも意識に上げやすく、自分の意識で制御しやすい。ヨガの行者なら心拍をコントロールできるかもしれないが、通常の人にはまず無理だろう。従って、呼吸を用いれば、誰でも意識と無意識にまたがる内部表現にアクセスしやすい変性意識状態を作ることができるのである。

当たり前の話だが、呼吸は人間が生きていくために欠かせない所作だ。きわめて重要なホメオスタシスフィードバックの対象である。だからこそ、呼吸を利用すれば、強烈な変性意識を生成することが可能となってくる。

◉相手に気付かれない呼吸――基本呼吸法

呼吸を用いた一般的な変性意識の生成法は、ヨガなどの流れを持つ過呼吸を使ったものが挙げられる。過呼吸法は、吸気をとてつもなく速く、吐く時間も短くすることで変性意識に持っていくものだが、素人がいきなり挑戦すると、身体を壊してしまう危険性があるのでお勧めできない。そこで過呼吸法よりもやや変性意識生成の時間はかかるが、身体への負担が遥かに少ないところで、逆腹式呼吸という手法を紹介しよう。これはヨガや気功などで活用されている呼吸法に、私が独自に手を加えたものである。逆腹式呼吸は身体に負担が少ないどころか、健康法としても知られている方法なので、積極的に練習してほしい。

では、さっそく実技解説に入っていく。逆腹式呼吸に取り組んでいくにはまず、洗脳護身術の基本呼吸法を体得しておかなくてはならない。洗脳護身術では、相手に内部表現にアクセスされていることを意識させないのが重要になってくる。相手に意識されると、相手にも操作可能な内部表現になってしまい、変性意識化させるのが困難になってくるばかりか、こちらから操作できなくなってしまうからだ。基本呼吸法では、とにかく「自分が呼吸しているのを、相手に分からせない」ことを大前提としている。そのためには、次の二点に注意してほしい。

一、口を閉じたまま、できるだけゆっくりと音を立てずに鼻から息を吸う。

二、相手が瞬きをした瞬間に、腹筋を使って一瞬で息を吐き出す。

ここでのポイントは、息を吐くときのタイミング。相手が瞬きする瞬間を狙うのは、細心の注意を払う必要があり、慣れるまではかなり困難だ。はじめのうちは、家族や友人などを相手にしながら修練を積んでいくしかないだろう。呼吸の際は口元同様、腹部もできるだけ動かさないようにすることが大切だ。これも最初は実行するのは難しいだろうが、肩や肺が呼吸に合わせて動かないように集中していれば、次第に慣れてくるだろう。

呼吸をしている最中は、手の指先と足の裏に注意を向けてみてほしい。足の裏や指先が、触れているところの感触を意識に上げていくのだ。これに関しては、毎日鏡の前で、三十分ほど練習するといいだろう。最初の十分間は呼吸自体に意識を向け、残りの二十分は意識を指先と足の裏の感触に移し、呼吸を無意識に行うのだ。そうすれば、個人差はあるが早い人で一カ月、遅くとも半年ぐらいで無意識のうちに相手が瞬きする瞬間に息を吐き出せるようになるだろう。

以上をスムーズに行えるようになったら、今度は呼吸のタイミングを逆にしてみる。相手が瞬きした瞬間に鼻から息を吸い込むのである。吸い込んだら、口を閉じたまま音を立てず、時間をかけてゆっくりと唇の隙間から息を吐き出していく。このときのコツは、表面上は相手を安心させる笑顔を見せつつ、口の端からゆっくりと息を吐き出す。正面から

基本呼吸法

※自分が呼吸していることを、相手にまったく分からせないようにする

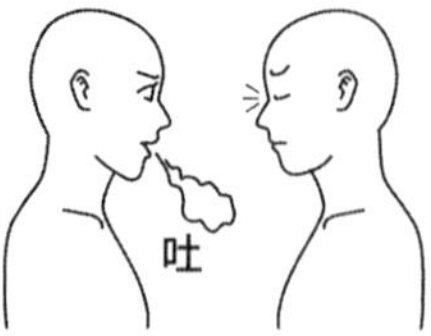

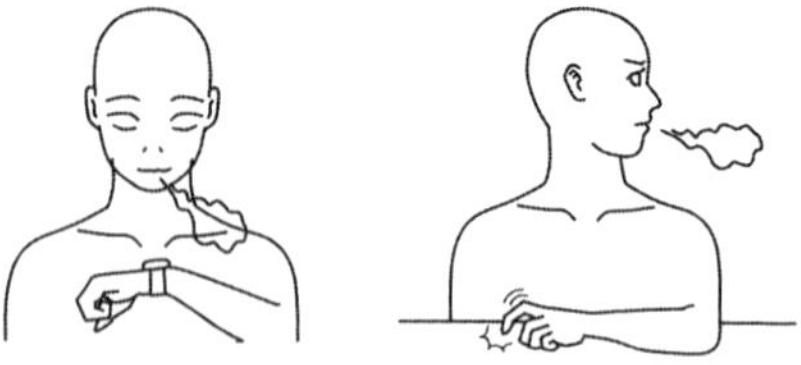

相手が瞬きをした瞬間に、腹筋を使ってハッと口から一瞬で息を出す。

最初のうちは、ちょっと時計を見る振りをしたり、テーブルを叩くなどして、相手の視線を少しだけ自分の顔から逸らしてみるのもいい。

基本呼吸法・その2

※今度は上記の基本呼吸法の呼吸タイミングを逆にしてみる

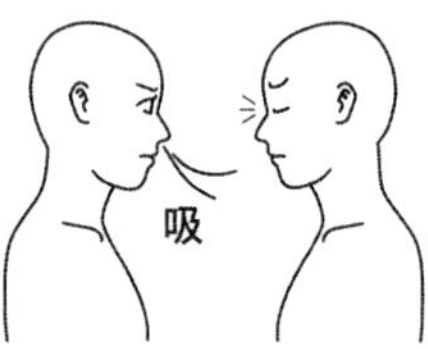

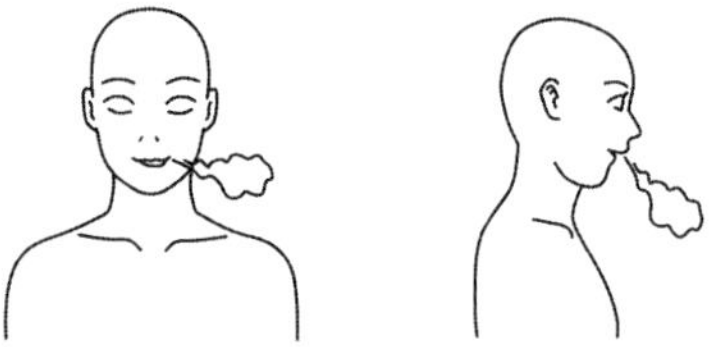

相手が瞬きをした瞬間に、鼻から吸い、音を立てずにゆっくりと唇の隙間から吐き出す。

相手を安心させる笑顔をみせつつ口の端から吐き出したり、上下の顎を少し前後にずらして正面からは口が閉じたように見える状態で隙間を作るなど、色々な工夫が必要。

練習方法

1. 最初の10分間は呼吸自体に意識を向けながら行う。
2. 残り20分になったら指先と足の裏の感触を意識に上げて、呼吸は無意識に行う。

動かさない

注意を向ける

毎日30分ほど、鏡を見ながら練習するとよい。
これを最低2ヵ月は続けること。

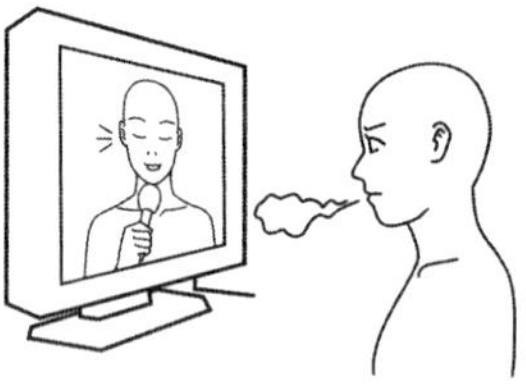

テレビを見ながらアナウンサーの瞬きの瞬間をとらえたり、国会中継を利用するのも効果的。

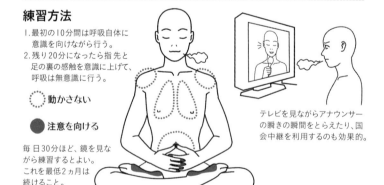

は口が閉じたように見える状態で、上下の顎をやや前後にずらして隙間を作ってもいいだろう。とにかく、多少の工夫を施して、相手に気付かれないように行う。これも最初の十分は呼吸を意識し、次の二十分は手の指先と足の裏へ意識を上げていく。

また、家族や友人の前で練習する他に、テレビのニュースを見ながら、アナウンサーの瞬きの瞬間をとらえたり、国会中継を利用するのも有効だ。要は、あらゆる人の瞬きをとらえられるようになるのが目標である。ちなみに、瞬きも重要なホメオスタシスのチャンネルである。相手が瞬きした瞬間に自分も瞬きできるようになれば、相手からの瞬きによるホメオスタシス介入を防げるだろう。瞬きをしない人と思われるレベルになれば、名人級である。

◉変性意識を生成——逆腹式呼吸

基本的な呼吸法を習得したら、次はいよいよ逆腹式呼吸である。ここから先は、自分一人で行う練習なので、相手の瞬きに合わせる必要はない。この呼吸は文字通り、息を吸うときに腹を引っ込め、吐くときに出していく呼吸法だ。

では、具体的に解説していこう。まずは、背筋を伸ばして姿勢を正した状態で椅子に座っていただきたい。このとき、視線は中空に漂わせて、鼻先を軽く見ている状態がいいだろう。次に腹をへこませつつ、鼻からできるだけゆっくりと息を吸い込んでいく。吸気は胸を張って上に引っ張られていく感覚で行うとやりやすい。意識は眉間、つまり目と目の間に集中させていく。

完全に息を吸い切ったら、今度は呼吸を一瞬だけ止めて、ゆっくりと鼻から息を吐き出していく。同時に、全身の力をゆっくり抜きながら、へこませた腹を戻していく。腹を膨らませていく感覚でも構わない。首、肩、肘、手、腰、膝、つま先と、上から順番に意識して力を抜いていくと効果的だ。

以上の行程を、まずは約五分間行ってほしい。しばらくすると、額から周辺にかけてむず痒くなってくるかもしれないが、変性意識状態に陥る際の一つの現象なので、気にする必要はない。五分経ったら、呼吸を続けながら意識を下丹田[※38]に集中する。下丹田とは、臍よりもやや下に位置するツボで、精気が集約するといわれている。この下丹田周辺が、徐々に暖かくなっていくようにイメージしてほしい。さらに、逆腹式呼吸を続け、今度は「呼吸による全身のリラックス」「目と目の間に意識を持っていく」「腹部に暖かみを感じる」といった過程を同時に行う。このときの時間はおおまかな感覚でいいだろう。長ければ長いほどいい。ヨガや気功では基本的な健康法でもあるので、毎日行うと体調管理にもいいはずだ。

逆腹式呼吸で重要なのは、呼吸を「意識する」のであって「意図する」のではないということ。わざと不自然に腹や胸を動かすわけではない。あくまでも「腹をへこませるような感覚」で、自然な逆腹式呼吸になるように心掛けていただきたい。そうすれば、普段は意識しないような呼吸をしている自分の感覚に鋭敏になり、自然と変性意識が生成されるだろう。試しに「目と目の間の感触」と「腹部の暖かみ」を意識し続けながら、自然な逆腹式呼吸をゆっくりと十～二十分間続けてみるといい。周囲の状態から意識が切り離されている感覚が訪れ、変性意識化に成功しているはずだ。

逆腹式呼吸の練習は、最低でも二カ月は続けてほしい。やがて、完璧な意識状態のもと、自然な逆腹式呼吸が行えるようになるだろう。

逆腹式呼吸による変性意識化に慣れてきたら、その状態の自分の意識を記憶しておくといい。そして通常の状態で、変性意識下の自身の意識状態を思い出す作業を何回も繰り返す。すると、逆腹式呼吸を行わずとも、自然と変性意識が生成されるだろう。地味な訓練となるが、これを体得すれば、後のステップの作業が非常に楽になってくるはずだ。

ところで、呼吸を意識に上げることで変性意識が生成されるのは、指が自然にくっ付くなどの生体反応を言語化して変性意識を生成するのと原理は同じだ。呼吸は重要なホメオスタシス活動として、生体としての内部表現が、無意識下で勝手に物理的世界とフィードバック関係を保ちながら維持されている。すなわち、臨場感が物理空間にあるわけだ。これを内省的に意識に上げることで、それは意識が介入した空間へと変わる。こうなるともはや、純粋な物理空間ではなく、意識するという情報的行為が介入した、やや情報空間にゆらいだ物理空間となる。完全な物理空間ではなくなるのである。そしてその空間に臨場感が生まれてくるので、変性意識状態となる。

催眠を含め、変性意識を生成するコツはこのように、まず物理空間からほんのちょっとゆらいだ仮想世界に臨場感を作り、そこから物理空間から大きく乖離した仮想空間に少しずつ誘導していくことだ。言語で生体状態を記述したり、生体状態を内省的に意識に上げるだけで変性意識が生成されるのである。そしてその物理空間と仮想空間のゆらぎを徐々に大きくしていくことにより、変性意識状態へ誘導していくのである。

とにかく、変性意識状態を体得するには実践あるのみ。どんなに科学的なメカニズムが理解できても、実践できなければ意味がない。サッカーが、ニュートン力学の枠を出ていない物理行為だからといって、運動方程式を求めてもエースストライカーになれないのと同じである。エースストライカーになってこそ、サッカーの本質が見えてくることがあるように、洗脳護身術も優れた洗脳家にならなければ見えてこない本質もあるので、皆さんも頑張っていただきたい。

◉強烈な変性意識の生成

基本的呼吸法及び逆腹式呼吸法を利用すれば、必ず変性意識状態を生成できる。ただ、より効果的な内部表現操作を実現するには、さらに強度な変性意識を生成する必要がある。そこで、強烈な変性意識を生成するために、次の三つの呼吸法をマスターしていただきたい。

一、小止観調息法《しょうしかんちょうそく》
二、安般守意法《アーナーパーナサチ》
三、甘露清浄法《アミリティウンハッタ》

一つ目の小止観調息法は、中国天台宗の開祖であり、止観法の考案者でもある天台智顗が編み出した呼吸法だ。

はじめに、口を開いて思う存分息を吐き出し、鼻から静かに息を吸う。この行程を三回

自身を変性意識化させるための呼吸法

STEP1

基本姿勢

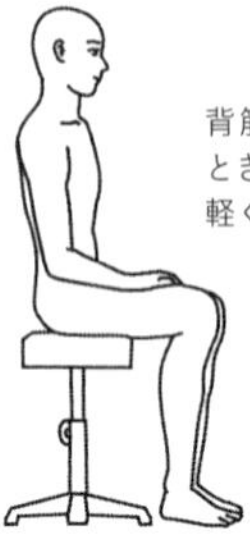

背筋を伸ばして椅子に座る。このとき目線は空中に漂わせ、鼻先を軽く見ている状態にする。

STEP2

逆腹式呼吸

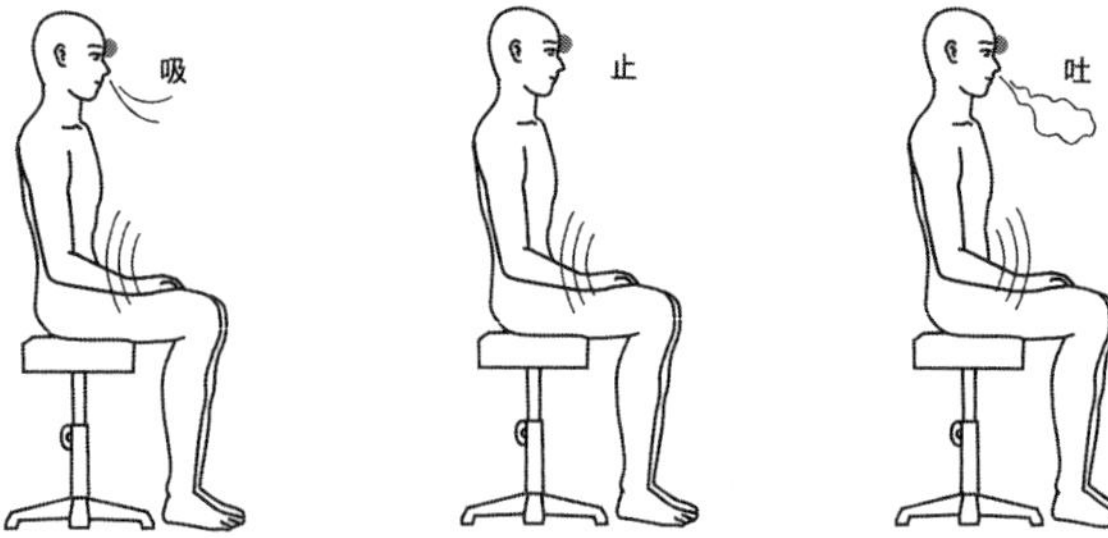

腹をへこませつつ、鼻からゆっくりと息を吸う。

完全に息を吸い切ったら、呼吸を一瞬止める。

鼻から息を吐き出し、引っ込めた腹を戻していく。

STEP3

腹に意識を集中する

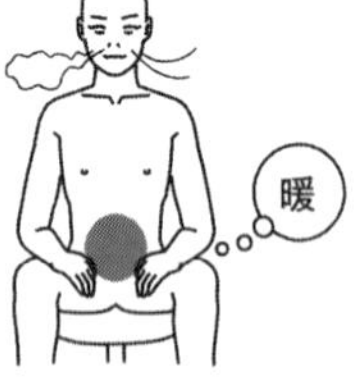

STEP2を5分間行った後、呼吸を続けながら臍の少し下に意識を持っていき、そのあたりが温かくなっているとイメージする。

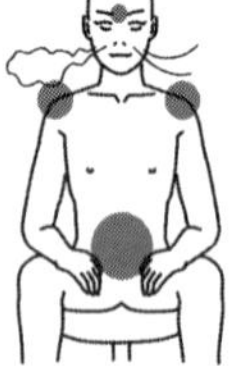

イメージしたらさらに5分間呼吸を続ける。この間は「全身のリラックス」「目と目の間に意識を持っていく」「腹の温かさを感じる」を同時に行う。

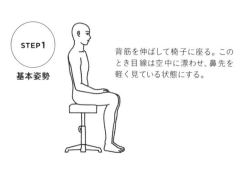

繰り返す。ポイントは、息を吐き出すときに、体内に溜まった悪い気をすべて吐き出すようにイメージし、吸気の際は清らかな空気を想像すること。

続いて、舌先を上の歯茎の裏に軽くつけた状態で口を閉じ、鼻だけで呼吸する。呼吸しているのが分からないくらい静かに、ゆっくりと行うのが大切だ。また、逆腹式呼吸のときと同様、意識を下丹田に持っていき、身体の力を少しずつ抜いていく。首、肩、肘、手、腰、膝……と、上から順番に力を抜いていくといい。さらに、ゆっくりと呼吸を続けながら、身体全体の皮膚の表面、特に毛穴から空気が出入りしていくのをイメージする。この状態を、最低でも十五分は続けていただきたい。そうすれば、身体がどんどんリラックスし始め、穏やかな気分になっていくだろう。重要なのは、皮膚で呼吸している感覚だ。これをしっかりと感じながら毎日練習してほしい。

次に安般守意法に移っていこう。一瞬で変性意識化して相手を洗脳するためには、相当の気の充実が必要になり、この呼吸法はそれを可能にする。

方法はまず、鼻で呼吸をしている状態で、息を吐き出す時間をできるだけ長くしていく。最低でも十五秒は、吐き出し続けてほしい。これは長呼法といい、安般守意法では古くから伝わる秘伝術である。息を吸い込むときは、短くても構わない。できるだけ長く息を吐くことが重要だ。そしてその間、吐く息に注意しながらも、意識は下丹田に集中し、身体全体で呼吸するイメージを持つ。この呼吸も十五分間続ける。

　さて、この呼吸法はここからが難しい。というのも、安般守意法は逆腹式呼吸で行わなくてはならない。しかし、今説明した呼吸と逆腹式呼吸を同時に行うと、息そのものへの注意が散漫になりがちだ。そのため、最初は順腹式呼吸（通常の呼吸）から始め、慣れてきたら逆腹式へと移行するといいだろう。逆腹式で安般守意法ができるようになったら、今度は息を吸い込むときにゆっくりと肛門を閉め、吐き出すときは肛門を緩めるようにしていく。長い呼吸中に肛門を開閉することは、道家の気功でも取り入れられており、身体中の気の循環をよくする。これも最初から取り組むと、呼吸法への注意が逸れるので、段階を踏んで練習していただきたい。

　最後に甘露清浄法を解説する。甘露清浄法は、ヨガや気功の中でも秘伝中の秘伝と言われている呼吸法だ。ただ、秘伝といっても逆腹式呼吸による安般守意法を体得していれば、さほど難しくない。

　基本的には、安般守意法で長呼しながら、腹筋を使って思い切り速く息を吸う、とこれだけである。ちなみに、息を速く吸うことを短呼という。吸気はできるだけ短く、一気に吸う。腹をハッと引っ込めながら吸い込む感覚だ。そして息を吐くときは、腹をゆっくりと膨らます感覚がいい。しかし、この長呼と短呼の組み合わせは、しっかりとした呼吸法ができていないと身体を傷める可能性がある。そのため、最初は吐く息を短くした方が無難だろう。慣れてくるにつれ、徐々に息を吐く時間を長くしていこう。

呼吸は鼻で行い、十五分は続けていただきたい。そして他の呼吸法同様、意識を下丹田に集中させながら、全身の毛穴で呼吸するイメージを持つ。甘露清浄法は逆腹式呼吸だが、ヨガにおける浄化呼吸（カパーラバーティ）法などでは、順腹式で短呼を行う。

変性意識化への呼吸法（上級編）

※すべて15分間ずつ続ける

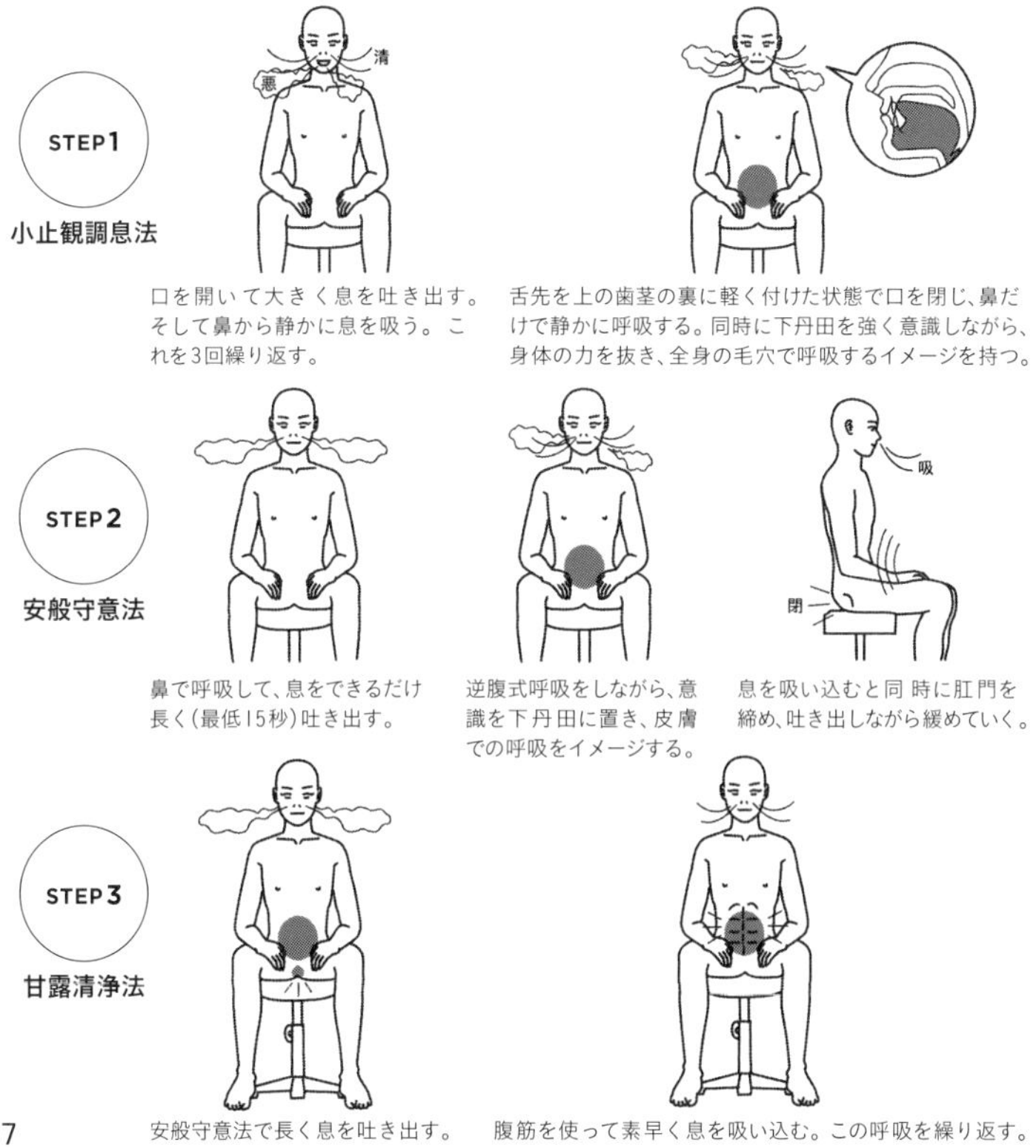

口を開いて大きく息を吐き出す。そして鼻から静かに息を吸う。これを3回繰り返す。
舌先を上の歯茎の裏に軽く付けた状態で口を閉じ、鼻だけで静かに呼吸する。同時に下丹田を強く意識しながら、身体の力を抜き、全身の毛穴で呼吸するイメージを持つ。

鼻で呼吸して、息をできるだけ長く（最低15秒）吐き出す。
逆腹式呼吸をしながら、意識を下丹田に置き、皮膚での呼吸をイメージする。
息を吸い込むと同時に肛門を締め、吐き出しながら緩めていく。

安般守意法で長く息を吐き出す。
腹筋を使って素早く息を吸い込む。この呼吸を繰り返す。

以上、小止観調息法、安般守意法、甘露清浄法のワンセットを何回か繰り返していけば、かなり強烈で深い変性意識が生成されるはずだ。ちなみに、これらの呼吸法の練習は、はじめは開眼で行うといいだろう。やがて変性意識を生成できるレベルにまで達したら、半眼で視線を一カ所に集中させるとより効果が上がってくる。とにかく、身体に無理をさせない範囲で、じっくりと焦らずに練習していただきたい。

また、洗脳護身術で強くなるには、実際に場数を踏んでいく必要がある。空手や合気道が本を読んだだけではマスターできないように、洗脳護身術も本書を読むだけで体得できるシロモノではない。私自身も、ある政府機関の依頼があったため、やむを得ずカルトを相手に実践経験を積むこととなり、気が付いたら強くなっていた経緯がある。もちろん、皆さんも私と同じようなことをするわけにもいかないので、家族や友人などを相手に実体験の場を設けて訓練していただきたい。いずれは、カルトと闘っても負けない「力」を手に入れることができるだろう。

◉後天的共感覚の生成法

呼吸による変性意識が生成できるようになったら、次はマインドエンジニアリングする際に重要な技術「後天的共感覚生成」に挑戦していただこう。

共感覚というのは、以前、山下篤子氏の訳書『共感覚者の驚くべき日常』※39などでも話題になった、先天的な感覚の性向である。本来の感覚とは別の感覚が伴う現象で、文字や音が色となって感じられたり、匂いに触感が付随したりする。例えば、「ざらざら」という触感を音で感じたり、味や色や形で感じるのが「相乗り」しているような状態、これが共感覚だ。

この感覚の持ち主は、十万人に一人の割合といわれている。実は、私もたまたま先天的な共感覚者で、いまだに小学校の音楽の先生の声が紫色でツルツルしていたとか、別の先生は銀色でとがった三角に見えたという記憶がある。

共感覚になる原因は、視覚野や聴覚野などの情報処理器官が重なり合っている可能性が指摘されているが、詳しくはまだ解明されていない。

さて、この共感覚。先程、先天的なものだと述べたが、実は誰でも練習すればある程度の共感覚を持てるようになる。これは私が、過去に洗脳護身術を指導してきた経験から分かったことだ。この共感覚は、相手の内部表現を操作するときに非常に役に立つ。相手が「見ている」「触れている」感覚を変性意識下で作り出せば、それを操作しやすくなる。また、共感覚をマスターすれば、数学やディベートといった複雑で抽象的な作業に役立ち、絶対音感も視覚的に体得できるようになるだろう。

では、さっそく共感覚の生成法を解説していこう。ここでの共感覚の生成とは、「あらゆるものを視覚化する」ということだ。音、感情、命題、論理などすべてを視覚化するのである。そして、最終的には視覚化したものを触覚化できるようになっていただきたい。

とりあえず、皆さんに練習してほしいのは、音の視覚化である。まずは、逆腹式呼吸を使って変性意識が生成する。それから座っている状態で聞こえる音を一つ一つ、心の中で列挙していく。すると色々な音が聞こえてくるはずだ。エアコンの音、外の喧騒、隣の部屋から聞こえる音楽……。そして、聞こえる音の一つ一つに色や形、触感を付けていく。

例えば、私は連休の旅先で、小さなノートパソコンで原稿を書いているのだが、ハードディスクが細かく無数に並べられた先のとがった鉛色の小さな三角形の上に、黄色いザラザラな布を被せた音を出していて、先程から気になっている……。

最初はよく分からないだろうから、感じたままで結構だ。「このエアコンの音は、薄茶色の粒々の形をしたザラザラした音だ」といった感じである。そしてそれを「薄茶色の粒々の形をしたザラザラした音」として実際に見てほしい。変性意識が生成されていれば可能なはずだ。このように、周囲で聞こえる音を色や触感、形などで見ていってほしい。匂いを加えると、さらに効果的だろう。

次に、感情を視覚化してみる。変性意識状態を持続したままで、目の前にいる人の顔から得られる感情を色や形、触感で表現し、その人の顔に重ねて見るようにする。悪意のある感情は、どす黒く渦巻いた異臭感があるかもしれない。逆に優しく穏やかな顔の前には、滑らかな球形をした薄いピンクのボールが見えるかもしれない。我々はちょっとした表情の変化、目の動きから相手の感情を読み取ることができる進化した動物だ。ただ、相手の感情を操作するためには、視覚化、触覚化して操作しやすい状態に持っていかなくてはならない。このため、感情を共感覚的にとらえていく必要があるのだ。

音の視覚化、感情の視覚化に成功したら、最後は気の視覚化に挑戦しよう。ここでは気という概念をあえて定義しない（詳細は第四章）。気功師が言及している「気」。そんなものが実際にあると考えるくらいでいいだろう。つまり、相手の感情状態のみならず、心身の健康状態を外部から感じられる気配のようなもの。これを気とする。

とりあえずは、自分の手の指先をよく見て、そこから出ている気の色や形、触感を指の周りに表現してみてほしい。気功師のように気を出したり、信じたりする必要はない。もし、自分が中国の超人気功師のように気を出せたら、こんな感じだとイメージすればいいのだ。白く、煙のようにもやもやした感じだろうか。それとも、赤く燃え上がっているような感じだろうか……。実際にあってもなくても、指の周りにそれが見えてくるまで練習

すべてを視覚化するための方法

※変性意識を生成したうえで行う

STEP1

音を視覚化する

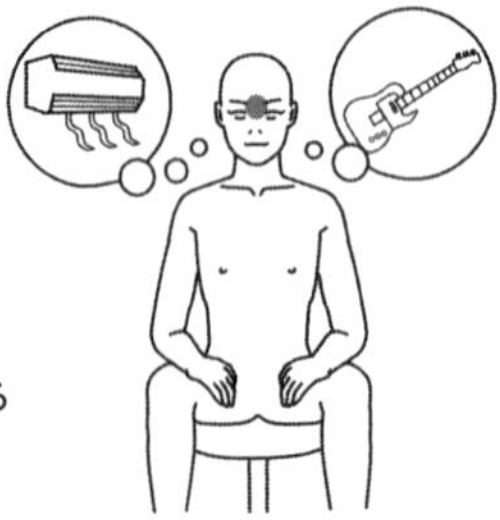

座った状態で目を閉じ、聞こえてくる音を把握する。

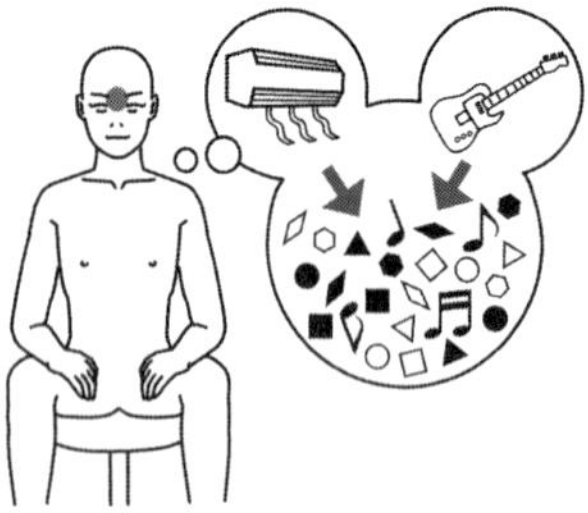

一つ一つの音に色や形、触感を付けていき、実際にそれがあるかのように見る。

STEP2

感情を視覚化する

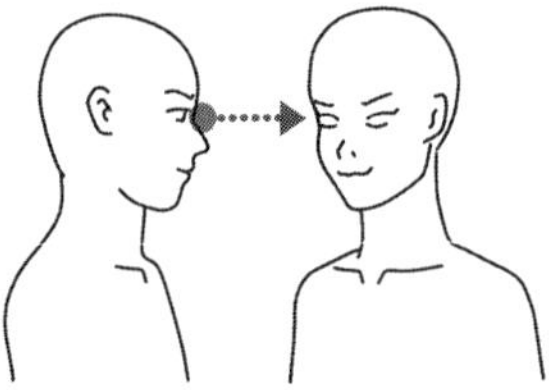

相手の顔から感情を読み取る。悪意があるのか穏やかなのか、できるだけはっきりとしたイメージを感じ取る。

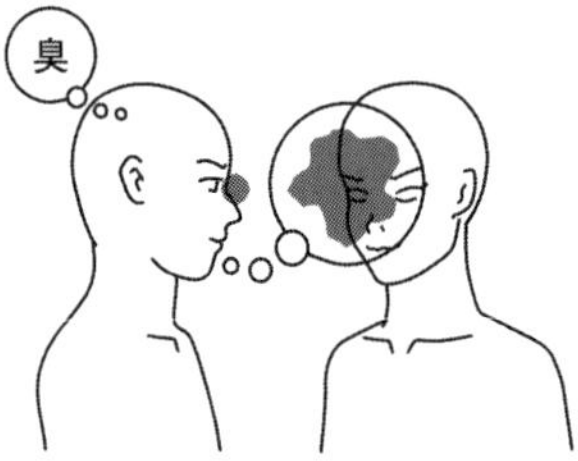

読み取った感情に色や形、触感を付けて、相手の顔の前に浮かべる。

STEP3

気を視覚化する

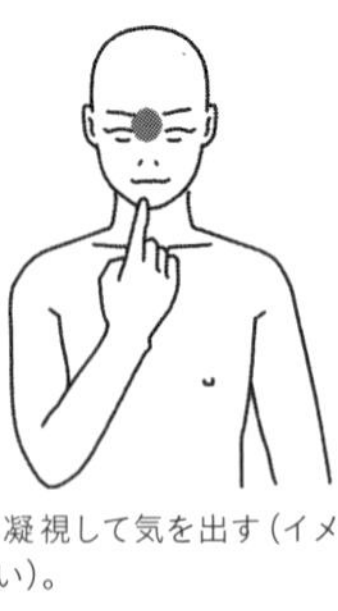

指先を凝視して気を出す（イメージでも構わない）。

気に色や形、触感を付けて指の周りに浮かべる。

していただきたい。

以上の技術をマスターすれば、相手の内部表現を操作するとき、自分のイメージを見せるだけでなく、実際に触覚や味覚などのあらゆる感覚に臨場感を持たせることができるだろう。

◉握手するだけで相手を変性意識化する

洗脳護身術の極意は、いかに強烈な変性意識を生成できるかにある。相手を自分のホームグラウンド内に引き込まなくては、いくら洗脳術を施したからといって、それは不完全なものでしかない。

カルトなどでは、変性意識状態を生成するために、ＬＳＤなどの違法薬物を用いている。本書を読んでいる皆さんは当然、これらの違法薬物を体験したことはないだろうが、違法薬物を投入された人々は劇的な恍惚体験、もしくは嫌悪感とともに、非常に深い変性意識が生成される。人によっては世界観がガラリと変わり、それこそ今見ている世界がニルヴァーナ（涅槃）といわれても否定しないだろう。そしてこの強力な変性意識作用を利用することで、教祖並びに術者は思うがままに、相手の内部表現を書き換えてしまうのである。

洗脳護身術は違法薬物を決して使わず、あくまでも「素手」でカルトと対抗する唯一の手段だ。これまでに紹介した呼吸法を体得すれば、違法薬物にも負けない力強い変性意識を生成することが可能なのである。

さて、変性意識の生成を体得したならば、次はそれを相手に移行させなければならない。ここでは洗脳護身術秘伝の一つを紹介しよう。催眠術でいうところの「瞬間催眠」と呼ばれる高度なテクニックである。

簡単に説明すると、一瞬で相手の内部表現にアクセスする方法だ。相手の内部表現に入り込めれば、そこから深い催眠状態に誘導したり、深層心理にメッセージを書き込めるまでになる。内部表現へのアクセスは、洗脳護身術の基本呼吸法をベースに相手のホメオスタシスを利用している。これは四十年以上も前にミルトン・エリクソンが採用した方法に、私が開発した技術を組み込んで完成させたものだ。私自身も、瞬間催眠のデモンストレーションや脱洗脳の現場などで、今でも利用する実践的な手法である。

相手を瞬間的に変性意識化させるには、以下のステップを踏まなければならない。

一、自分の呼吸を隠す

二、相手と自分の呼吸を合わせる

三、相手と握手する

一つ目のステップは、先程解説した基本呼吸法のこと。何度も訓練を重ね、自分が呼吸していることを相手に気付かせないようにしていただきたい。

このステージで最も重要なのが二つ目のステップである。

相手と呼吸を合わせるというのは、「相手が息を吸うときに自分も息を吸い、相手が吐くときに自分も吐く」ように呼吸することだ。そうすれば、相手と自分のホメオスタシスが同調して、心が簡単にクラッキングできる状態になる。この技術は「パッシブ・ハーモナイゼーション」と呼ばれている。ちなみに、既に紹介した逆腹式呼吸で、自分を変性意識化させておくと、この時点で相手を変性意識状態に陥らせることができる。呼吸を合わせることで、双方の心が同調しやすくなり、相手も自然と変性意識状態になるのである。

呼吸を合わせる回数は、習熟の度合いによって変わってくる。私ぐらいの経験を積んでいれば二、三回で十分だが、初心者の場合は最低でも十～二十回は必要だろう。基本的に回数が多ければ多いほど、成功しやすくなると考えていただければいい。呼吸を数回合わせたら、相手に気付かれないように少しずつ自分の呼吸をゆっくりとしたテンポに変えていく。ホメオスタシスが同調していれば、相手の呼吸がこちらのテンポに追従してくるはず。これは「アクティブ・ハーモナイゼーション」という技術である。

ここまで実行できたら、いよいよ最後の仕上げである。呼吸のパッシブ・ハーモナイゼーションを行いながら、自分の右手を握手するかのように相手に差し出してみてほしい。言葉で握手を促しても構わない。すると相手は、ホメオスタシスが同調しているので、自然と要求に応じてくれるはずだ。

相手が右手を差し出してきたら、その手を握ると見せかけて、掌の中心あたりを中指で触ってみる。ただし、強く押すようにするのではなく、あくまでも軽く、掌に触れるか触れないかのところで右手をスッと一、二センチほど引き戻すのがポイント。そして、自分の右手をそのままの位置で数秒停止させ、相手の状態を観察してほしい。相手はまるで催眠術師から「止まれ」と指示されたかのように、右手が空中で静止し続け、虚ろな目つきになっているだろう。

この状態になれば、内部表現への侵入は成功だ。相手は変性意識状態に陥って、こちらの要求に従順になる。「右手をグルグル回してください」といえば腕を回すだろうし、「右手を楽にして寝てもいいですよ」といえば眠ってしまうだろう。ちなみに、指先で掌に触れる作業は、相手によっては三、四回繰り返して行ったほうが効果的な場合がある。この見きわめは、経験を積んで感得するしかないだろう。

握手だけで相手を変性意識化する方法

STEP1

自分の呼吸を隠す

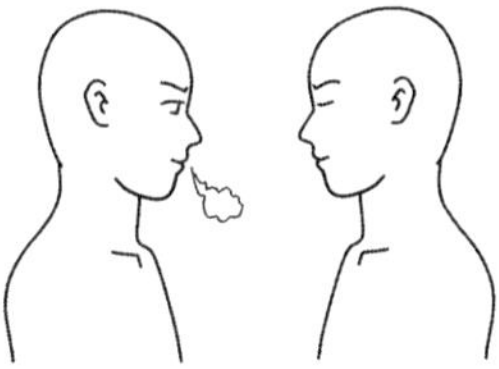

基本呼吸法（相手が瞬きをした瞬間に鼻から息を吸い、音を立てずにゆっくりと唇の隙間から吐き出す）を行う。

STEP2

相手と自分の呼吸を合わせる

※初心者は相手との呼吸を数十回は合わせる

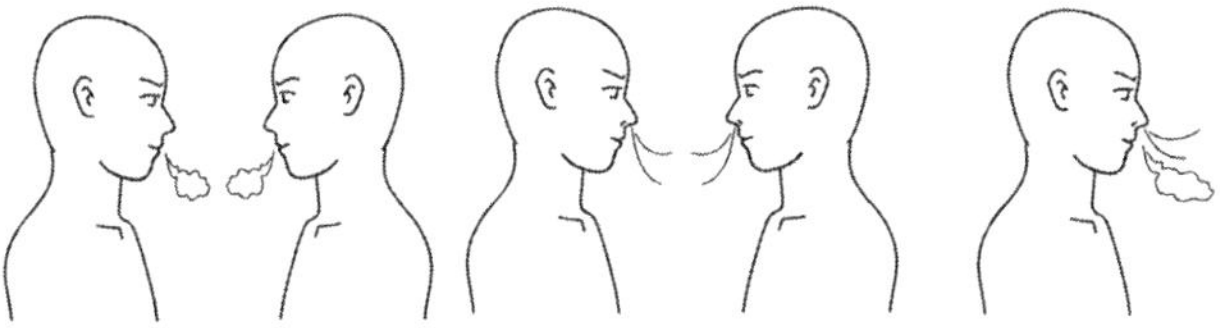

相手が息を吐くのに合わせて、こちらも息を吐く。

相手が息を吸うのに合わせて、こちらも息を吸う。

自分の呼吸を少しずつスローテンポにしていく。

STEP3

相手と握手する

※差し出す手はゆっくりと、相手の掌に軽く触れる

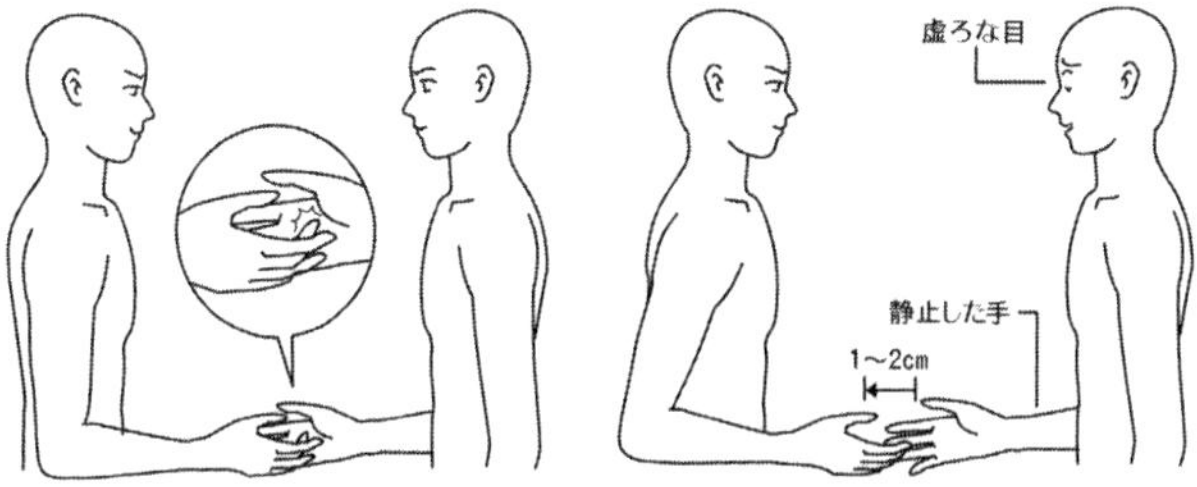

呼吸を合わせたら、握手するように自分の右手を差し出し、中指で相手の掌の中心に軽く触れる。

掌に触れた瞬間に手を1～2センチほど引く。相手の目が虚ろになり、手が空中で止まれば成功。

◉なぜ相手の右手は空中で止まるのか？――カタレプシーの威力

このように、相手が右手を空中で静止するような状態を「カタレプシー」[※40]という。催眠術のショーでよく見掛ける、客の全身が棒のように硬直する演目と同じ現象である。

では、なぜ手を引き戻すだけでカタレプシーが起きるのだろうか？

それは脳の機能的性質が原因である。人間の脳は、手を差し出す行動を「握手」という一連の行為として記憶している。そこへ急に予期しない出来事が起きると、脳内の情報処理は混乱して、次の情報が入ってくるまで自己の内部表現から右手の状態を切り離してしまうのだ。変性意識が一瞬で生成されるといってもいい。そこへこちらから指示を出すと、情報が内部表現に書き込まれ、ホメオスタシスが変化に適応しようと稼働。結果、自己の脳から切り離された右手は、他人が出した指示に従ってしまうのである。

パッシブとアクティブ・ハーモナイゼーションの技術が上達すれば、手を引き戻すだけで、右手だけではなく全身を切り離すことも可能だ。相手の身体を硬直させて動けなくさせたり、転倒させることまで自由自在となる。練習次第では、ステップ一と二を省略して、最初に握手するだけでいきなりカタレプシーを引き起こせるようになるだろう。

カタレプシーは、洗脳護身術という範疇に限らず、実生活でも十分に応用できる。例えば、ビジネスの営業などでお互い名刺を差し出して、相手が自分の名刺を受け取ろうとしたときに少し引いてみる。すると、名刺を取り損なった相手は、一瞬そこで停止するはずだ。そしてそのまま軽い変性意識状態に陥るだろう。相手が変性意識化したのを見逃さずにことを進めば契約がうまくいくかもしれない。

街でティッシュを配っているのを、受け取ろうとした瞬間に手を引き戻されて、気が付いたら、そのまま付いて行ってしまって、新興宗教のようなところで、勧誘されたという話を最近聞いた。これなどは、洗脳技術が身近なところで利用されている一つの例だろう。

はじめての人と対峙した場合は、相手と全く同じ動きを真似てみるのも一つの手だ。いつの間にか、相手の方から自分と同じ動作になるはずだ。そうすれば極端な話、こちらが契約書にサインするジェスチャーをすれば、相手はサインするかもしれない。これは内部表現を共有しているからこそ可能な技術である。

ただ、ここで注意してほしい点がある。これらの術は、あくまでその場しのぎであるということ。つまり、洗脳ではなく催眠レベルである。仮に思い通りの契約が成立しても、相手が社に戻れば「なぜ、俺はあのとき契約してしまったのだろう」と自問をし始め、もしかしたら契約解除の連絡を寄越してくるかもしれない。これが洗脳レベルだと、相手が社に戻った後もずっと契約をしたことを喜んでいるだろう。この技術については後に解説する。

◉目を合わせるだけのマインドエンジニアリング

カタレプシーを巧みに利用する術は、慣れてくれば数秒で相手を変性意識化させられる。しかし、これには相手に触れなければならないという限界がある。そこでここでは、目を合わせただけで相手を変性意識化させる高等テクニックを紹介しよう。

この方法は、生体に備わっているホメオスタシスの同調性を利用すればいい。自らを深い変性意識状態にしたうえで、相手と目を合わせるのである。そうすると相手は変性意識化してしまう。気功の世界などでは、この方法は古くから知られており、目から気が出ているからと考えられている。実際には、何らかの視覚情報が相手に伝わるからであると推測されるが、何度も練習をしてコツを掴むと、相手の目を見ただけで、相手を変性意識化できるようになる。

方法論としては、まずは通常の状態で相手と向き合い、相手の目と目の間を凝視する。ここで注意するのは、決して相手の目そのものを見てはいけないということ。相手の目に焦点を当てると、左右両方の目に視線が行ったりきたりして不安定になり、ホメオスタシスの同調を引き起こせない。しかも、相手が自分より技量の高い術者だと、逆にこちらが洗脳されるおそれがある。凝視するのは必ず相手の目と目の間だけだ。そうすれば、相手側は自分の目を正視されているように感じるだろう。また、視線を定めるときは決して怖い顔をしてはいけない。柔和な顔で、軽く微笑むくらいがいいだろう。

このテクニックは、皆さんの通常の交渉にも十分活用できる。相手の目を見て話すのはコミュニケーションの基本だが、この方法を用いるとより効果的なアイコンタクトとなる。

さて、問題はここからだ。相手の目と目の間を注視しながら、逆腹式呼吸を使って自らを深く変性意識化させる。練習がしっかりとできている人は、過去の変性意識状態を思い出すだけで、自らを変性意識化できるはずである。そして相手を見ながらも焦点は、ずっと遠い先を見つめる感じにする。すると相手は、自分の心の中を見透かされているような、不思議な気分になるだろう。そして自然に変性意識状態に陥るのである。

これは精神世界の柔術のようなものだ。人間の身体のつくりを力学的に利用して相手を投げ飛ばすように、人間の心のつくりを気学的に利用して相手を投げ飛ばす洗脳技術なのである。

◉六本木ヒルズ瞑想法

変性意識を自在に生成できるようになれば、最後にこれまでの総仕上げとして、変性意識を利用したプレ洗脳術を紹介しておこう。いってみれば、洗脳護身術のスパーリングのようなものだ。これができるようになれば、七割方洗脳ができるようになるといっても過言ではない。

この術は、前章で解説した遮那法を、私が現代的にアレンジしたもので、六本木ヒルズ瞑想法という。六本木ヒルズは、最近オープンして大きな話題を呼んでいるので、ご存じの方も多いだろう。六本木ヒルズには、複数のビルが軒を連ね、その構造は複雑。これは瞑想するのにもってこいである。地方在住の方はわざわざ六本木ヒルズを訪れたり、詳細な構造を調べるのは大変だろうから、最寄りのビルやショッピングセンターでも構わない。あくまでも六本木ヒルズは、瞑想するための一例である。

さて、六本木ヒルズを題材に瞑想するには、まず実際に現場に行く必要がある。それぞれの建物の色、質感、歩き心地、聞こえる音などをよく記憶しながら、その様子を完璧に頭に入れよう。

続いて、ビルの案内所には無料の地図が置いてあるので、それを見ながら六本木ヒルズの立体的な状態をイメージする。密教の瞑想では曼荼羅を凝視しながら、その世界を立体的にイメージする。曼荼羅は平面に描かれているが、実際には立体的な球が曼荼羅の実態としてイメージされる。ここでの地図は、密教の曼荼羅に当たるわけだ。修行僧が曼荼羅からイメージするように、六本木ヒルズの平面図を見ながら、横から、下から、上から……と、どの方向からでも再現できるように、完璧にイメージする。

地図を見ながらイメージできるようになれば、今度は記憶だけで六本木ヒルズの細部を立体的にイメージする。最初は、実際に歩いたり見たりしたところを、できるだけ正確に再現してみる。次に、訪れていないが、その空間に確実にあるものをイメージ。例えば、一つ一つのレストランをイメージ上で訪れて食事してみたり、ギャラリーを閲覧して回ったり、もしくはデイヴィッド・ベッカム[※41]が宿泊したというグランドハイアットのプール付きスイートルームをイメージしてみるのもいいだろう。

このようにして、六本木ヒルズを完璧にイメージ上で再現できるようになるまで、繰り返し練習する。変性意識を生成した状態で、現場に何度か足を運んでもいい。さらに、目に見える箇所だけでなく、目に見えない箇所もイメージする。ビルの鉄骨、地中深く刺さった土台、あるいはミクロレベルで使われた大理石の結晶の状態など……。

十分にイメージできるようになったら、共感覚訓練をする。先に説明した後天的共感覚の生成である。ここではイメージした色を音で、聞いた音を色や触覚でと、実際に体験した五感とは異なる五感で表現する練習をする。例えば、自分がミュージシャンになって、六本木ヒルズのイメージを音楽にするといった感じだ。別に音にこだわる必要はない。ある部分を視覚で、別な部分を触覚でといった組み合わせでも構わない。とにかく、六本木ヒルズを好きな五感で細密に表現できるようになるまで練習していただきたい。

次は、イメージの共有訓練である。ここでは家族、もしくは友人を相手に練習するといいだろう。まずは、相手の目を覗き込み、自分自身が変性意識化することで、相手も変性意識化させる。そのうえで、自分がイメージしている六本木ヒルズの場面や状態、場所などを相手にイメージさせる練習をする。最初は、「バージンシネマ前のエスカレータ」などと言葉で表現しても構わない。ただ、慣れてきたら、自分がそのエスカレータに乗っている体感を、相手にも体感させるようになっていただきたい。訓練を重ねていけば、すぐに上達するはずだ。共感覚でイメージした、異なる五感による六本木ヒルズの体験も、相手ができるようになるまで練習する。

イメージの植え付けに成功したら、いよいよマインドエンジニアリングである。まず、イメージで作り上げた六本木ヒルズを色々と変えてみる。ビルの高さを伸ばしたり、色を変えたり、床の質感を堅くしたりする。思い切って、ビルを地震で壊してみるのもいい。

六本木ヒルズ瞑想法

STEP1

六本木ヒルズを完璧にイメージする

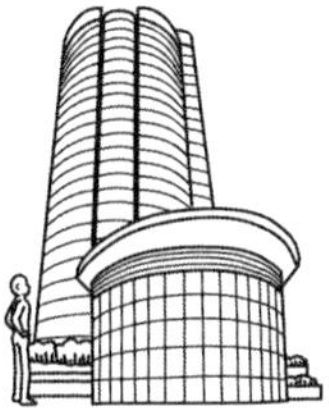

六本木ヒルズの現場に足を運んで、建物や雰囲気、歩き心地など細かく観察して記憶する。

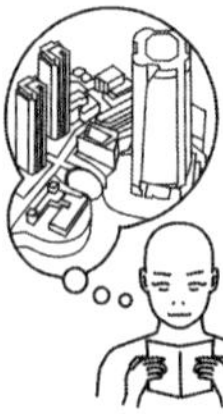

案内所にある地図を入手して、六本木ヒルズの立体的な景観をイメージする。

実際に訪れたところを頭の中で具体的に再現し、さらに足を踏み入れていない場所や、鉄骨などの目に見えない部分を想起する。

STEP2

六本木ヒルズを五感でイメージする

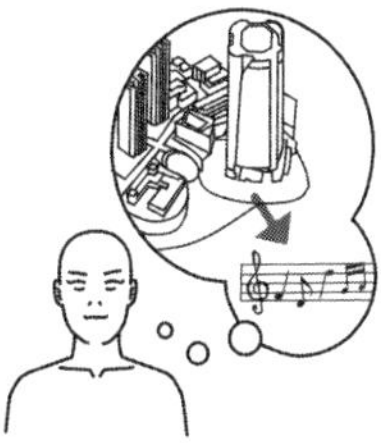

イメージした六本木ヒルズを色付けしたり、それを音に変換してイメージする。

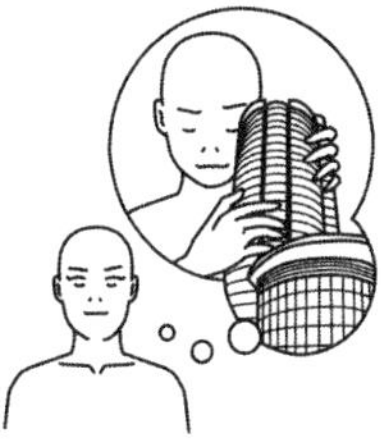

イメージを音だけでなく、触感を付けて体感できるようにする。

STEP3

六本木ヒルズのイメージを他人と共有する

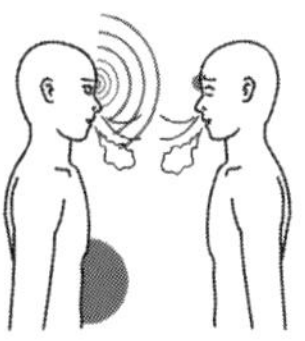

逆腹式呼吸で自身を変性意識化させ、ホメオスタシスの同調を利用してイメージを共有したい相手も変性意識化させる。

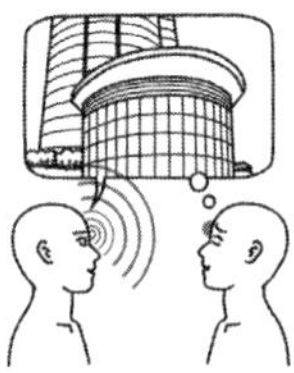

六本木ヒルズの光景を連想させる言葉を発するなどして、自分がイメージしている六本木ヒルズを相手にもイメージさせる。

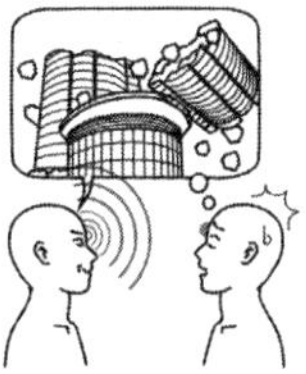

イメージした六本木ヒルズの色を変えたり、ビルを破壊して、それを相手にも体感させる。最終的には言葉を使わず、イメージだけで操作できるように練習する。

そして、その体験がリアルに感じられるまで練習する。これを共感覚状態でも練習する。ビルを音のイメージでとらえられているときに地震で倒せば、それこそ凄まじい轟音が鳴り響くはずだ。

このような内部表現の操作を、変性意識下で相手に対しても行ってみる。自分が六本木ヒルズのイメージを操作すると、相手の中の六本木ヒルズが同じく変化するように練習する。これも最初は、言葉の暗示を使って構わない。慣れてきたら、できるだけ言葉を使わずに、イメージを操作するだけで相手のイメージが変化するように練習する。うまくイメージの操作ができれば、六本木ヒルズを伸ばしたり、形を変えたりというのを、相手は強い臨場感で感じるはずである。

とにかく重要なのは、六本木ヒルズをイメージ上でできるだけ細部まで、そして正確に再現することだ。そして、六本木ヒルズの中に自分がいる姿をイメージすることである。相手のイメージを操作するときは、相手と自分の両方が六本木ヒルズにいることをイメージしていただきたい。

以上が呼吸を用いた変性意識の生成法とその操作法の基本である。

洗脳護身術における呼吸法の基本は逆腹式呼吸だ。もし本気でカルト洗脳からの脅威に対抗しようと思っているのなら、確実にマスターしていただきたい。ただし本書を読み込み、変性意識を生成できるようになったからといって、安易にカルトに立ち向かうことは控えてほしい。いくら洗脳護身術がカルトに対抗できる唯一の手段だとしても、相手の中にはそれなりの実力者がいるかもしれない。そこで逆に洗脳され、ミイラ取りがミイラになる可能性は否めない。

私も色々なカルト教団に一人で出向くことがあるが、それはこれまでの経験の積み重ねなど、絶対的な自信があるからだ。私の周囲の人が「危険だから」と止めるにもかかわらず、無鉄砲に向かっていけるのは、それだけ彼らの洗脳法よりも私の力の方が上だという、むしろ相手の教祖を改宗させるだけの自負があるからである。

第3章

洗脳術――アンカーとトリガーの応用

カルトの信者たちは、教祖のことを思い浮かべると恍惚とした表情で、それこそ神との邂逅を果たしたような幸福感に包まれている。逆に他人が教祖のことを悪し様にいえば、烈火のごとく怒り出すし、自身が教祖を疑うと苦痛な表情で、それこそ地獄へ蹴落とされたかのごとく悲鳴を上げる……。

これらは紛れもなく、洗脳されてしまったために生じる兆候である。また、一度脱会したにもかかわらず、しばらくすると再び戻ってしまう信者が多いのは、その者への洗脳が解かれていないことを意味している。すべては教祖への絶対的な忠誠がそうさせるのだが、では、いったいこれらのメカニズムはどうなっているのだろうか。

◉アンカーとトリガー

精神世界で対峙する人間の内部表現を操作して、優位に立つ洗脳技術。その簡単な仕組みは、自分にとって絶対的な世界観、すなわち自身で引き起こした変性意識下に相手を引き込んで、内部表現を操作することで、現実世界でもその行動を制御するというものである。この技術は、実際に体得している者、もしくは体験した者にしか分からないかもしれない。なぜなら、普通の人は変性意識はまだしも、内部表現の操作で心の中を制御することをイメージしづらいからだ。

しかし実際には、人間の心の中へはいとも簡単にアクセスでき、そしてそこにある情報を書き換えたり、掌握することができる。これは洗脳技術だけではなく、催眠療法などでも取り入れられて実証ずみだ。

では、具体的に相手の内部表現を操作するには、どうしたらいいのか。

ここで皆さんに覚えておいてほしい言葉がある。アンカーとトリガーである。アンカーとは、日本語で「錨」と訳すが、ここでは「記憶しておく」という意味で用いる。いつでも引き出せるように、人間の脳内に埋め込んだ「ある心理状態もしくは体感状態」のことをアンカーという。そして、その心理状態を呼び起こす「引き金」となるのがトリガーだ。わかりやすい関係で表現すると、トリガーが「信管」でアンカーが「地雷」の役割といったところか。そして、このアンカーとトリガーを利用すれば、相手の内部表現を書き換えることができるのである。

トリガーは、アンカーを引き起こすための合図となるわけだが、それは言語などのように記号化されているものもあれば、単なるイメージの場合もある。先のカルト信者には、すべてこのアンカーとトリガーが脳内に埋め込まれている。

例えば、オウムでは信者にＬＳＤなどの薬物を使って強烈な幻覚を見せたうえで、地獄のような恐ろしいビデオを何時間も見せ続け、恐怖心を煽っていた。そして、恐怖体験は、アンカーとして脳内に植え付けてしまう。さらに、そのアンカーをいつでも引き出せるトリガーとして「疑念だ」という言葉を用いていた。疑念とは、教義や教祖を疑うこと。つまり、この言葉をいわれると信者は、薬物の幻覚やビデオで見た恐怖を実体験のように思い出して、文字通り震え上がってしまうのである。

アンカーにされるのは、別に恐怖体験だけではない。その逆の快楽体験をアンカーにするケースもある。違法薬物やヨガなどから得られる快楽をアンカーとして、「尊師」という言葉をトリガーとする。洗脳者から「尊師が期待している」といわれると、信者は頭が真っ白になって恍惚状態に陥り、多幸感に包まれながら犯罪でも何でも実行してしまうようになる。

これらの手法はオウムのみならず、多くのカルト教団でも用いられている。ちなみに北朝鮮では、金正日のバッジを胸に着け続けることで快楽状態を生成し、バッジを外すと不安や恐怖感を募らせる仕組みになっているようだ。

◉自我を操作する

アンカーとトリガーは、人間の自我の自覚に大きく関与している。

人間の自我の自覚は、二つの要素で形成されている。一つは内省的な自我。今この瞬間、自分がここに存在しているという意識――ゲシュタルト[※42]である。正常な自我が一つ存在しており、それが自身の意識内にあると認識しているのが内省的な自我である。これが破損している人は、分裂病の可能性がある。

もう一つの要素は記憶である。海馬の損傷などで記憶を整合的に維持できない人間は、別の人格になったり、複数の人格を持ったりすることになる。

洗脳はこの両方を操作している。内省的な自我を操ることができれば、その者のものの見方、考え方を根底から覆せるだろう。「リンゴが好きだ」とか「ダイヤモンドは高価だ」といった認識を「リンゴを見ると吐き気がする」とか「ダイヤモンドは愚者が持つものだ」などの認識へとすげ替えられるのだ。

一方、記憶の操作はその者の過去の出来事の再解釈である。記憶そのものは変えずに、記憶に対する印象を変えてしまうことで相手を制御できる。「子供の頃は外で遊ぶのが好きだった」とか「彼女にふられたのはショックだった」といった記憶に、「本当は嫌々遊んでいた」とか「彼女にふられたおかげで今は幸せだ」というこれまでとは違った解釈を与えることで、その出来事への認識を変えるのである。高度な洗脳テクニックを用いれば、記憶そのものを新たに作成し、埋め込むことも可能だろう。

通常、人間の自我の自覚を変えるには、二つの情動を支配する。先のオウムの例でも挙げた恐怖心と快楽だ。退行催眠などを利用して、その人の人生で一番怖かった体験や気持ちよかった体験を引き出し、それを暗示によって数倍にも増幅させる。そして「逃げたら怖いぞ」とか「これをすれば気持ちよくなるぞ」という意識を植え付ける。

退行催眠状態は、催眠手法を用いなくても、簡単に生成できる。強度な変性意識状態のもとで、子供の頃などを想起させる暗示の言葉をいったり、実際にイメージすることを促せば、大抵の人は退行状態となる。相手を退行状態にできれば、過去の出来事をまるで今体験しているかのごとく、ビビッドに再現させることができる。幼少時代にまで遡ると、表情や話し方まで子どもになる人も珍しくない。

そしてここでアンカーとトリガーが利用される。恐怖もしくは快楽状態をアンカーとして、きっかけとなるトリガーを、例えば、「リンゴを見る」とか「ダイヤモンドの指輪をはめる」にすると、その行為をするたびに恐怖体験が蘇ったり、至福体験が湧き起こるようになるのである。

◉洗脳と催眠

アンカーとトリガーの概念は、催眠では後催眠暗示という手法で使用されている。

ここでちょっと催眠について触れておこう。催眠と聞いてまず頭に浮かぶのは、テレビなどで行うステージ催眠ではないだろうか。炎やライトを見つめさせて誘導していくお馴染みの術だ。これは十九世紀に、イギリスの外科医だったジェームズ・ブレイド[※43]が始めたとされ、凝視法という。また「あなたの瞼はだんだん重くなる……」と誘導していく、フォーマルインダクションと呼ばれる催眠誘導法も有名だ。フォーマルインダクションは、複数の催眠手法を体系化したもので、スタンフォード大学のヒルガード教授[※44]の研究所での採用をきっかけに、現在では世界の心理臨床の現場で主流となっている。

催眠とは、これらの手法で引き起こされた変性意識のことを呼んでいる。催眠的手法で引き起こされたから催眠というのは、トートロジーに聞こえるが、実際、催眠も睡眠も映画を見ている状態も、違法薬物でハイになっている状態もすべて変性意識なので、間違ってはいない。

もう一つ催眠を用いた内部表現の介入といえば、ミルトン・エリクソンが取り入れた、言葉やジェスチャーから自然に変性意識を生成する方法がある。この手法は一九七〇年代までは、技術的な難しさからあまり認知されていなかったが、その後、心理臨床の現場での効果が高いことが認められ、現在ではビジネスとして利用されるまでに発展している。

さて、後催眠暗示では、催眠から覚醒した後も効果を持続させるため、催眠中（変性意識下）に暗示を埋め込んでいる。催眠ショーでは、ライターの火を見ると踊り出すといった演目があるが、これはライターの火がトリガーで、踊り出すという行為がアンカーである。

後催眠暗示は、催眠中に仕掛けておいた何らかのトリガー信号を呈示すると、脳内の各部位が統合的に働いて催眠状態（アンカー）を一瞬で作り出すメカニズムになっている。催眠研究の一般論としては、後催眠暗示は短期記憶上のもの、すなわち短時間しか効果がないといわれている。催眠セッションで後催眠暗示を施しても、効果を発揮するのはその直後だけであったり、せいぜい数時間しか持たないと考えられていたのだ。しかし、これは間違いである。いくつかの心理実験の結果や私の経験則では、後催眠暗示が数日から数カ月単位の長期にわたって有効であることが確認されている。ミルトン・エリクソンの文献では、年単位で後催眠暗示が有効であったという記述も残っている。故にトリガーは長期間、例えば年単位の時間が過ぎていても、アンカーを喚起させることは十分可能である。これはトリガーが短期記憶ではなく、海馬を通して長期記憶に格納されることもあるという論拠となる。

では、先の催眠ショーの話を引用すると、被験者は一年後にライターの火を見ると踊り出すのだろうか？

それは難しいだろう。というのも、踊るという行為は誰もが一度は経験したことがあるだろう。しかし、「ライターの火を見る」という条件は、被験者にはじめて聞く暗示のはずだ。このケースでの後催眠暗示におけるアンカーは「踊り出す」という命題だが、術者と被験者という関係でこのような命題を指示されるのは、被験者にとって、おそらくはじめての経験だろうし、暗示自体にも過去の体験との関連を示唆する言葉はないはずなので、新たな体験として脳に記憶されるしかない。このような過去の体験と関係のない命題を、たった一言で長期記憶に格納させるのは至難の業だ。それ故、被験者は数日もすれば、この体験が記憶から遠ざかってしまい、後催眠暗示は効かなくなってしまうだろう。

長期にわたってアンカーとトリガーの関係を持続させるには、長期記憶として既に格納されている情報を、アンカーとトリガーの両方として利用するのが効果的だ。後はこの結び付けさえ長期記憶化できれば、一年経っても後催眠暗示の効果は持続するだろう。さらに、この結び付けを長期記憶化させるには、何度かトリガーを発火させる必要がある。

カルトでは、トリガーを日常の中で必ず繰り返している出来事にしている。例えば、シャワーを浴びる、ゴミを捨てるなどだ。日常生活の中で、何度もトリガーによってアンカーが作動し、トリガーとアンカーの結び付けが長期記憶化される。アンカーそのものがもともと長期記憶から選ばれたものであれば、長期的に働く後催眠暗示が実現されるだろう。いってみれば、被験者はほぼ永続的に催眠状態となるわけである。脱会した元カルト信者が、しばらくの期間を空けて引き戻されてしまうのは、こういった仕掛けが施されているからである。

◉アンカーとトリガーの埋め込み法

このように、人間の精神の核をガッチリと掴むことができるアンカーとトリガー。では、この技術を使いこなすにはどうすればいいのか。

アンカーとトリガーを相手に埋め込むには、相手が変性意識状態にあることが大前提である。相手にアンカーを埋め込むには、変性意識下の臨場感を利用する。ここでは快楽体験をアンカーとして、相手に植え付けるケースで話を進めていこう。

まず、相手の変性意識を生成し、言葉の誘導と退行催眠を利用して、記憶からかつて経験した幸福、快感体験を引き出す。過去の幸福な、もしくは気持ちよかった体験を再現するわけだ。別に、正式な心理臨床手法としての退行催眠を知っている必要はない。変性意識を引き起こしたうえで、実際の過去の場面を強く何度も想起すれば、自然と退行現象が引き起こされるはずだ。

また催眠療法のように、「人生で特に幸せだったことを思い出してください」と、直接暗示してはいけない。比喩などを使って間接的に暗示をかけるのがベストだ。変性意識が生成されていれば、退行催眠と同様に人生で最も気持ちよかった出来事を再体験するだろう。このときの注意は、あくまでも相手を幸せにすることだ。苦しい体験を引き出してしまうと、稀にトラウマを引き出してしまい、精神的ダメージを与える可能性がある。

アンカーを植え付けたら、次はトリガーである。トリガーは言葉やイメージといった具体的なものがいいだろう。

重要なのは、アンカーとトリガーの結び付きが相手に意識されないように仕掛けることだ。ここでも催眠術のように「私の名前を聞くと、あなたは幸せになります」といった直接的な物言いではいけない。トリガーは対になるアンカーが何かということを相手に意識された時点で効力が弱まってしまう。相手が「もしかしたら、これは何かの暗示かも？」と疑問を抱いたら、その時点でトリガーの埋め込みは困難となる。故に、できるだけさりげなく仕掛けなくてはならない。例えば、被験者が変性意識下で幸福体験を何度も繰り返している中で、特定の音楽を流し続けておけば、それがトリガーとなるだろう。被験者の視界の中に特定の人物の写真を置いておけば、その写真がトリガーとなる。写真をトリガーに使えば、被験者は特定の人物に会っているときはもちろん、写真を見るだけで幸福感に包まれるわけだ。アンカーとトリガー、この二つの関連性を気付かせないことが洗脳術の基本である。

オウムでは、信者に「教祖に疑念（トリガー）を持つと、地獄の体験をする（アンカー）」という洗脳を施していたことは、先に述べた。信者は恐ろしいビデオを一度に何十時間も見せられ続け、それを何日にもわたって繰り返されてアンカーを埋め込まれるのだが、「疑念」というトリガーはその場で直接結び付けられたわけではない。ビデオ鑑賞とは別の機会で「疑念は地獄に堕ちる」という教義をたっぷり教え込むのである。その結果、信者はビデオによって潜在意識まで刷り込まれた恐怖体験が、「教祖を疑う」という行為に結び付けられていることに気が付かない。

信者に至福体験のアンカーとトリガーを埋め込むのも同様だ。ＬＳＤで信者をトリップさせて至福体験を生成させ、その間ずっと教祖が唱えるマントラのテープを流し続けたり、教祖の顔の写真を壁に貼り付けておく。一時有名になった「修行するぞ、修行するぞ」といった命題のテープも、ＬＳＤ投与下で何度も何度も繰り返して聞かせる。すると、信者

アンカーとトリガーの埋め込み法

STEP1

アンカーを埋め込む

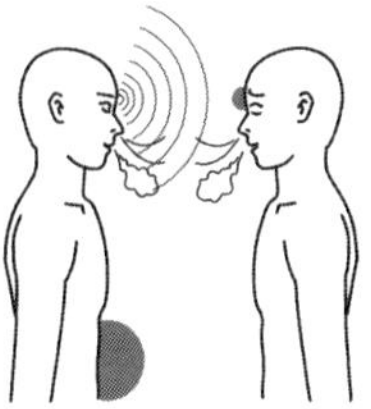

逆腹式呼吸を用いて自身を変性意識化し、ホメオスタシスの同調を用いて相手も変性意識化させる。

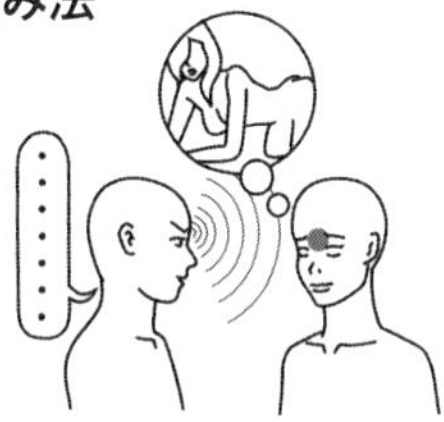

質問や退行催眠で巧みに相手の過去から気持ちよかった体験や怖かった体験を引き起こす。このとき「気持ちよかった体験を思い出してください」といった直接的な言葉は避けるように注意。

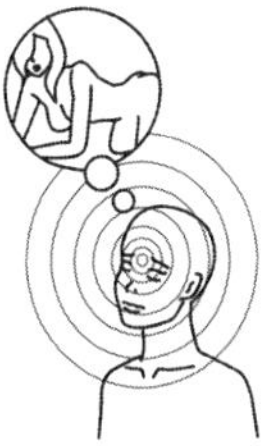

再現された体験がいつでも引き出せるように、相手に強く意識させておく。これがアンカーとなる。

STEP2

トリガーを埋め込む

相手がアンカーを引き起こしている状態で、それが結びつくような言葉や写真、音楽などを相手に意識させる。ここでも直接的な暗示は避けるようにする。

何度もアンカーを引き起こして、相手にアンカーとトリガーの関係を気づかれないように、トリガーとなる言葉や写真、音楽を無意識レベルで植えつける。

STEP3

トリガーを用いてアンカーを引き起こす

相手が平常時にトリガーとなる言葉や音楽をかけたり、写真を見せてみる。その瞬間、相手がアンカーとなる状態に陥れば成功だ。

はそのアンカーとトリガーの関係に気付かないまま、教祖の声を聞いたり、顔を思い浮かべるとＬＳＤで得た至福体験が即座に蘇るのである。これはサイキックドライビングといわれ、ユーイン・キャメロン[※45]という精神科医が開発した有名な洗脳法だ。彼はＣＩＡから予算をもらってカナダの病院で洗脳実験を行っていた。

しかし、このアンカーとトリガーは使い方次第では、生活の中でも十分に活用できる。例えば、禁煙したい人に、タバコを吸うと気分が悪くなるという状態を植え付ければ、あっという間にタバコをやめさせることができる。このケースは、タバコを吸う行為がトリガー、気分が悪い状態がアンカーである。実は私も二十代までタバコを吸っていたが、自己洗脳で禁煙した経緯がある。当時はまだ経験が浅かったためか、手加減を知らず、強烈なアンカーを仕掛けてしまい、自分はもちろん、周囲の人がタバコを吸うだけで、激しい吐き気と頭痛が起きてしまったほどだ。今は自己洗脳し直したので、それほど激しい嫌悪感もなく完全にタバコをやめることに成功している。

他にも、受験前に鉛筆を見る行為をトリガー、リラックスした状態をアンカーとして埋め込んでおけば、平常心で試験に臨めるし油物を見ると満腹感を感じる状態にすることで、ダイエットにも応用できるだろう。

◉アンカーとトリガーを用いた高速変性意識化

アンカーとトリガーの埋め込みは、変性意識の生成にも利用することができる。

洗脳護身術において、変性意識の生成はスピードが命である。なぜなら、先に有利な状況、つまり自分主導の変性意識状態下に相手を置くことが、洗脳できるかどうかのカギとなってくるからだ。そのため、実力者同士の闘いになってくると、精神世界でのせめぎ合いはとてつもなく激しい。それはまさに、居合のような緊張感と殺気が充満している。

前章の呼吸法による変性意識は確かに強烈だが、生成するには多少の時間が必要となってくる。それ故、呼吸法だけで実践に挑むには、危険が伴わざるを得ない。しかし、心配する必要はない。これから紹介するアンカーとトリガーの利用法を導入すれば、一瞬で自己を変性意識化できるようになるだろう。

自己を高速変性意識化させるためには、まず補助的手法としてラピッドアイロールといわれている技術を体得していただこう。といっても難しいことはほとんどない。ただ両目を閉じた状態で、眼球をできるだけ上の方に向けるだけだ。あたかも天井を見ているかのように、できるだけ目を上にした状態を二、三分続ける。実はこれだけで、軽い変性意識状態が生成されるのである。なぜ、変性意識が生成されるのかは解明されていないが、ど

アンカーとトリガーを用いた高速変性意識化

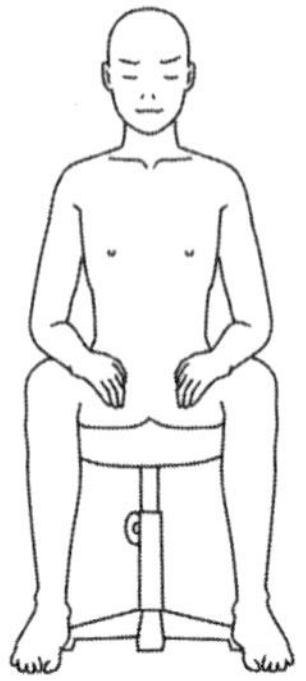

閉眼の状態で眼球を上に向けてラピッドアイロールを行う。天井を見ている感覚で2、3分持続させると軽い変性意識状態が生成される。

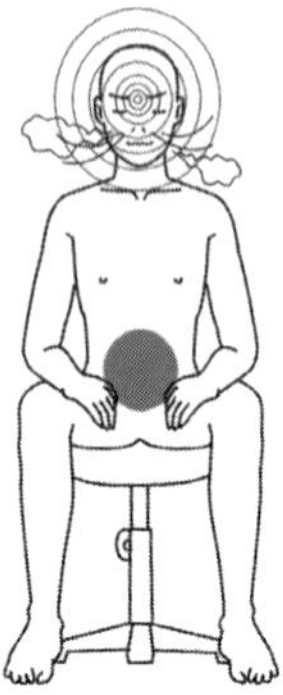

逆腹式呼吸を用いて変性意識状態を強化する。その状態をアンカーとして自身の中で意識する。

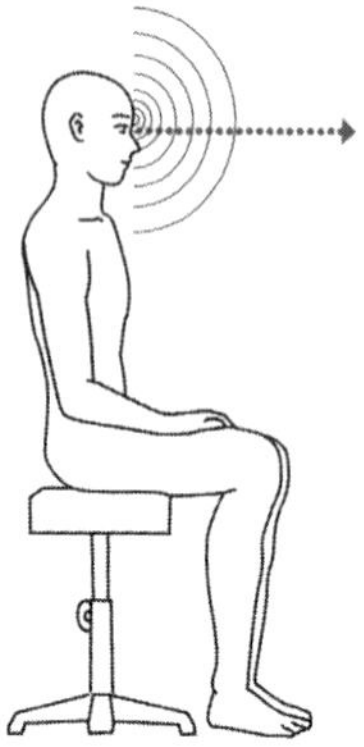

変性意識状態のまま、意識を額に集中させながらゆっくりと目を開ける。さらに視線を真っ直ぐに向け、焦点をできるだけ遠くに合わせる。この行為をトリガーとする。これを何度も繰り返す。

うやら眼球から視神経で繋がっている脳の視床部分や下位脳と大脳皮質を繋ぐ部位、脊髄、脳幹、小脳、大脳皮質といった生理的ホメオスタシスや運動関連ホメオスタシス、情報空間でのホメオスタシスを司る脳内各部などに深くかかわっているようである。

　変性意識化が成功しているかどうかに不安のある方は、試しに眼球を上に向けた状態で、「このまま目が開かない」と自己暗示をかけてみるといい。実際に目が開きづらくなっていたら、変性意識の生成は成功だ。再度自己暗示し直せば、今度は簡単に目が開くはずだ。

ラピッドアイロールに成功したら、本格的に自己の高速変性意識化へと入っていこう。逆腹式呼吸で自身を変性意識化させ、これをラピッドアイロールで強化させていく。そしてこの状態をアンカーとして自身に意識させる。次に目を閉じたまま、意識を額に持っていく。ラピッドアイロールの状態が続いているはずなので、瞼の内側から額の位置を見つめている感覚がいいだろう。額への意識を持続させながら、ゆっくりと目を開いていく。続いて時間をかけて視線を下げ、真っ直ぐ前方を見る。

このとき、目の焦点はできるだけ遠く、最低でも数メートル先に合わせるように心掛けてほしい。遠くに何かがあって、それを注視するような感じがいいだろう。この行為がトリガーとなる。

以上の行程を何度も繰り返して練習していただきたい。すると、逆腹式呼吸を行わなくとも、数メートル先に目線を投じる行為がトリガーとなって、アンカーである変性意識状態が発動するはずだ。このテクニックのポイントは、変性意識状態の自分をできるだけ覚えておいて、数メートル先を見たときに積極的に思い出すことだ。習得できれば、どんな状態でもちょっと視線を遠くに持っていくだけで、変性意識状態を生成できるようになるだろう。

◉醒めない催眠サイクルの生成

洗脳術におけるアンカーとトリガーの利用は、恐怖体験や至福体験を埋め込む以外に、もう一つ重要な目的がある。

被洗脳者に生成させた変性意識状態を、永続化させることである。醒めることのない催眠サイクルといってもいい。カルト信者に注目していると、彼らはよく目の焦点があっていなかったり、虚ろな様子を見せたりする。これは変性意識状態から抜けられない状態が永続化している証拠だ。目の前にある現実世界ではなく、カルトによって作り上げられた仮想世界を、その目で見続けるように仕掛けられている。

誤解しないでほしいのは、醒めない催眠サイクルといっても、催眠術を使って生み出す状態とは限らない。通常は洗脳護身術の呼吸法や瞑想法、またはカルトが多用する違法薬物によって引き起こされた変性意識がほとんどである。催眠をかけるという行為と、催眠から覚醒させる行為が明示的で分かりやすいので、あえて催眠サイクルという表現を用いている。従って、正しくは「醒めない変性意識サイクルの生成」と呼ぶべきだろうか。

催眠というのは、眠ってしまえば終わりである。夜、ベッドに入って翌朝目を覚ましたら、昨夜までに仕込まれた催眠による変性意識は消え去ってしまう。これは催眠に限らず、映画や読書、テレビなど、日常的に引き起こされた変性意識は皆同じである。なぜなら、睡眠ほど深い変性意識状態はないからだ。ただし、洗脳は別だ。洗脳の場合、仮に変性意識から覚醒しても、アンカーを利用してすぐに変性意識状態に戻るような仕組みになっている。

洗脳におけるアンカーとトリガーの手法は、変性意識状態が続くように仕掛けられる。方法は至極簡単だ。深い変性意識状態をアンカーとして、被験者が覚醒したときに必ず目にしたり、耳にする事柄や言葉をトリガーとして長期記憶に刷り込んでおけばいい。もしくは、被験者の日常的な行為、例えば、鼻を掻く癖などを、トリガーとするのもいいだろう。すると、被験者は朝、目が覚めて変性意識状態から解放されたとしても、いつもの癖で鼻を掻いたら、その瞬間にアンカーが発動して再度変性意識状態に陥ってしまうのである。そうすることを繰り返していくうちに、常に術者に仕掛けられた変性意識下にいる状態へと固定化されてしまうのである。

こういった状況は、実際の催眠療法の現場でも見受けられる。形式的な方法では時間のかかる深い催眠状態をいつでも引き起こせるように、はじめの段階で何らかのキーワードをトリガーとして埋め込んでおく。腕のいい精神科医なら、一週間後の面談でそのキーワードを唱えると、患者をすぐに深い催眠状態に入るところまで持っていけるだろう。現在体験している変性意識状態を将来も体験すると暗示して、さらに過去の深い変性意識状態も体験するという暗示を同時に併用して、完全に患者の脳に長期記憶化させているのである。

皆さんがこの手法を用いるには、まず相手の仕草を見抜くことだ。無意識に鼻を触ったり、頭を掻くなどの癖を見つけ、それをトリガーとすればいい。そしてアンカーを変性意識状態そのものとする。直接的な暗示でいえば、「頭を掻くと、今と同じようなリラックスした深い眠りの状態になりますよ」となる。もちろん、これではアンカーとトリガーの関連が明白なので、もっと間接的な暗示を用いなければならない。さらに一歩進めるならば、記憶から取り出した至福体験をアンカーとするのもいいだろう。さすれば相手は、永続的に幸せな気分に浸り続けるはずだ。

◉洗脳された記憶を消す

最後に総仕上げとして、被洗脳者の記憶の消去について解説しておこう。洗脳を完璧に施したい場合、被験者からその事実、体験した記憶を完全に消し去るのが一番である。カルトでは、洗脳行為はもちろんのこと、入信前の記憶は煩累なものだとして、できるだけ消去するように色々な施術が行われている。オウムでは、教祖の脳波と同調できると偽ってヘッドギア（ＰＳＩ）を信徒に装着させるが、これは側頭葉に電気ショックを与えて記憶を消去するのが本来の目的だ。

洗脳護身術では、このような電気的な器具を使わずとも、記憶を取り去る方法がある。

変性意識下での体験は、導き方次第では覚醒後何が起こったのか思い出せなくなる性向がある。よく催眠中の記憶がないというのも同じ原因である。相手の記憶を消すには、ただ暗示をかけるだけでいい。変性意識状態にある被験者に「今体験していることは、もう思い出せなくなりますよ」といった健忘暗示をかけるだけである。幸福な体験をアンカー、自分の写真をトリガーとした場合の記憶の消去は、「今の幸福な体験は後で思い出せなくなるでしょう。そして、この写真を見たことも忘れてしまいます」とアンカーとトリガー両方の忘却を暗示する。アンカーとトリガーを仕掛け、変性意識のもとでこの関係を忘れさせる。すると被験者は、術者に何をいわれていたのか、どんな体験をしていたのかなど、思い出せなくなるだろう。注意してほしいのは、これは本当に記憶が消えたのではなく、思い出しづらくなっているだけだ。後に専門家が引き出せば必ずその記憶は出てくる。それ故、悪用して記憶を消せばいいなどとは思わないことだ。

脱洗脳するときは、このアンカーとトリガーを被験者の反応から探り出す。被験者自身

相手を洗脳するための方法

※すべて変性意識を生成したうえで行う

STEP1

相手にアンカーを埋め込む

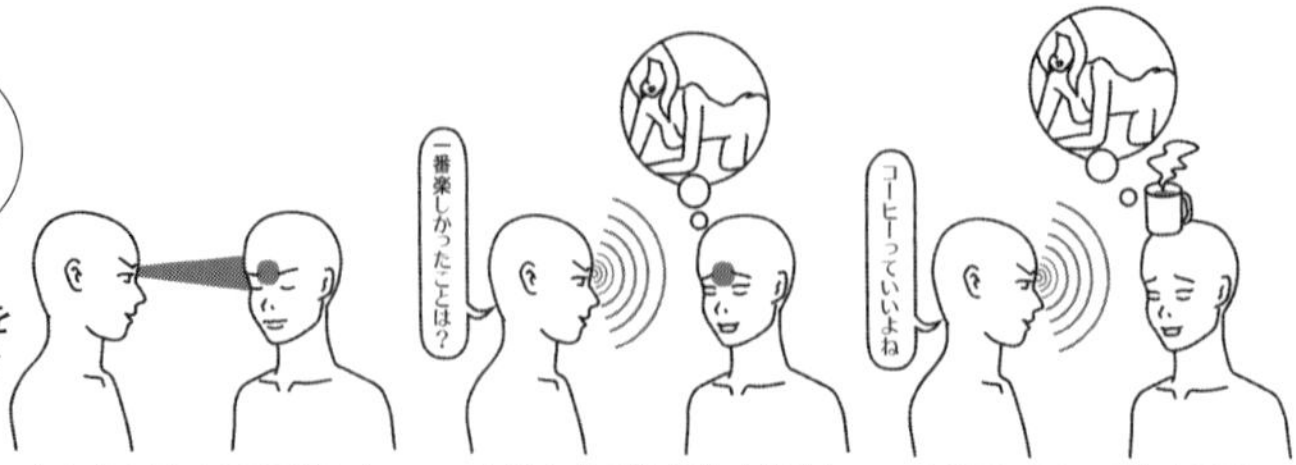

ホメオスタシスの同調によって相手の変性意識を生成する。

比喩などの間接的な暗示によって、かつて気持ちよかった体験を引き出す。

言葉やイメージをトリガーとして相手に植え付ける。

STEP2

醒めない変性意識サイクルの生成

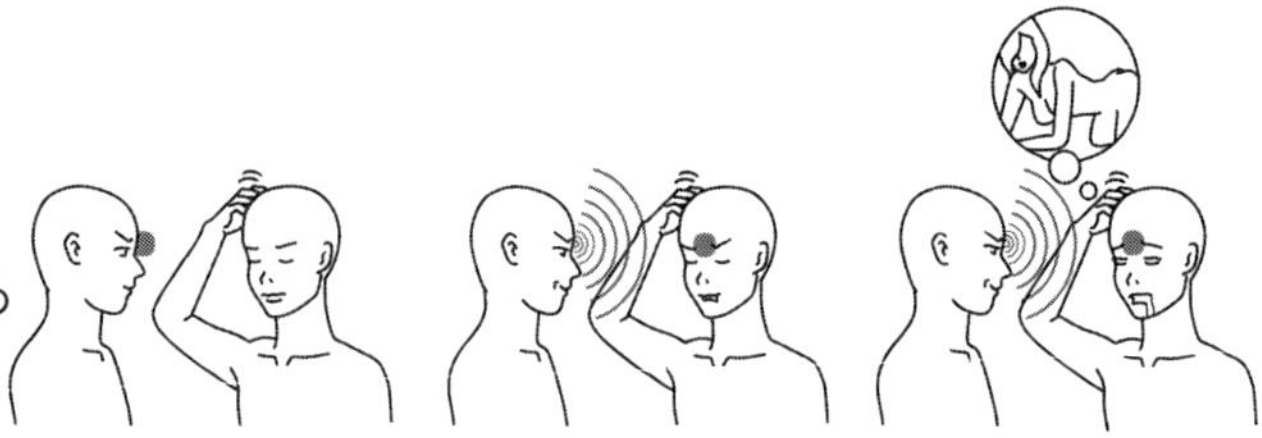

相手の癖を探す。頭を掻く、爪を噛むなど、頻繁に見せる仕種を見抜く。

相手を変性意識の状態にして、その状態をアンカーとする。

相手の仕種をトリガーとして埋め込み、常に変性意識下に置くようにする。

STEP3

洗脳の記憶を消す

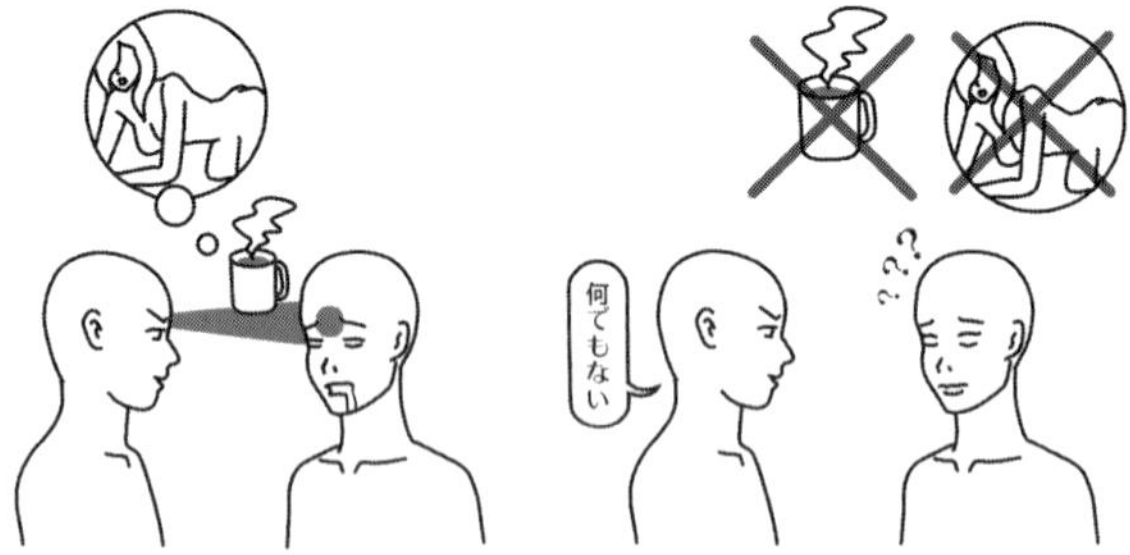

相手を変性意識の状態にしたうえで、トリガーを使ってアンカーを引き出す。

アンカーとトリガーを仕掛けたことを思い出さないように暗示をかける。

が忘れ去っていても、身体は忘れることはない。そして、見つけ出したアンカーとトリガーの関係を、変性意識状態のもとで被験者に強く意識させるのである。

洗脳のメカニズムは、アンカーとトリガーの作用がほぼ重点を担っている。ここまでの話では、アンカーとトリガーが一対一で対応していることを前提に進めてきたが、実際の洗脳の現場では、そうとは限らない。例えば、一つのトリガーから、複数のアンカーされた体感が引き起こされるように仕組まれていたり、複数のトリガーが一つの体感へアンカーされるように仕掛けられている場合がある。また、アンカーとトリガーの関係が、何段階かのチェーンとして仕掛けられていることもある。すなわち、あるトリガーが引き起こすアンカーが、別のアンカーのトリガーといったような組み合わせなどが潜んでいるのだ。

このような洗脳的手法を用いたアンカーとトリガーの埋め込みは、日常的な生活の中にも頻繁に取り込まれている。「私はカルトや宗教といった類には全く興味がないから、そういった仕掛けを施されるはずがない」と思っている人も多いだろうが、そういった人ほど、知らないうちに洗脳的手法にはまりやすかったりするので要注意だ。

次節では、いつの間にかアンカーとトリガーを埋め込まれてしまった事例を紹介しながら、その危険性を説いていこう。

◉日常的なアンカーとトリガー——占いにはまるケース

Ａ子は、都内の会社の事務をしているごく普通のＯＬである。彼女は宗教を全く信用していないし、性格も偏執的なところはなく、心身共に安定しているので精神科に通った経験もない。そんな彼女はある日、友人に誘われてよく当たるといわれている占い師に自分の運勢を見てもらうこととなった。彼女は占いも信じていなかったが、占ってもらうのは嫌いではない。彼女が訪れた占い師のところは、一回の診断料が一万円。少々割高な感は否めなかったが、雑誌に取り上げられるくらい評判がよく、人気もあったので一度くらいなら、という軽い気持ちで占ってもらった。

しかし、実際に見てもらうと、占い師のいうことは恐ろしいほどよく当たった。最近、彼氏とうまくいっていない、会社で嫌なことがあった、将来に不安を感じているなど……。彼女は占い師の指摘がことごとく当たるので、驚き、当惑し、感心してしまった。また、その占い師はこうもいった。

「今日、家に帰ればあなたの部屋が少し変わっているでしょう。それは悪い兆候です。もし、心配になったらもう一度きてください」

気になった彼女は、仕事を終えると真っ先に帰宅して、部屋を見わたした。さして変化はないようにも見えたが、彼女にとっては確かに、何かが違っていると感じた。彼女は急激な不安に襲われ、慌てて占い師のもとへ向かった。占い師は家具の位置を移動させるように指示し、彼女はさっそく実践した。

やがて、彼女はその占い師のことをすっかり信用するようになり、足繁く通い詰めるようになった。診断料もはじめの頃は定額の一万円のままだったが、「A子さんの問題は一万円では解決できません」と値上げを要求してくるようになり、一万円から二万円、二万円から五万円と次第に高額となり、最終的には一回で三十万円にもなった。それでも、彼女は疑うこともせず、金を支払い続けていった……。

これは実際にあった話で、結局彼女は総額で五百万近くの金を、その占い師に貢いだ。

このケースは明らかに洗脳である。彼女にはアンカーとトリガーが埋め込まれている。洗脳の定義は本人の利益になっているか否かということは、第一章でも述べた。占いというのは一見、本人の利益になっているように思われる。しかし、それは間違いだ。本人の利益になっている気にさせられているだけである。

私は別に占いを否定しているわけではない。ただ、占いは当たるから意味があるのではなく、当たった気になるから意味があるといっているのだ。事実、占いを信じて競馬や宝くじが当たる人はほとんどいない。仮に当たった人がいても、確率的にはきわめて低いだろう。しかし一度でも当たることで、そこに宣伝作用が加わって、いつの間にか「占いはよく当たる」という意識が刷り込まれてしまうのである。

例えば、銀座のある宝くじ販売所では、長蛇の列を作っているが、すぐ近くにある別の販売所ではガラガラだという現象をよく見る。長い時間をかけて、あえて並んでその販売所で購入するのは、そこがよく当たるといわれているからだそうだ。これは「よく当たる気にさせられている」という典型的な例だろう。その店でよく当たるのは、ただ購買者が他の販売所よりも圧倒的に多いからだ。単に確率の問題である。

A子が占いにはまったのは、当たった気にさせられたというのが大前提にある。占い師はおそらく、「私の占いを信じなければ、よくないことが起きる」といったアンカーを彼女に埋め込んだのだろう。占いをしながら過去の嫌な出来事を聞き出せば、それをアンカーとすることができる。彼女が自分の部屋がいつもと違うと感じたのも、巧妙に仕掛けられたアンカーに引っ掛かったからだ。普通に考えれば、部屋が変わっているはずがない。しかし、いくら自分の部屋といえども、毎日隅々まで注視しているわけではないし、写真に撮っていることもないだろう。それ故に「ソファの位置がちょっと違っている」とか「テレビの上のぬいぐるみが移動している」などの違和感を覚えてしまうのである。まさしく、ゲシュタルトへのアンカーによる内部表現操作の介入である。「占いを信じない」というトリガーと、「よくないことが起きる」というアンカーが発動しているからこそ、そういった心理が生じたのである。同時に「信じれば、必ずいいことが起きる」というアンカーも植え付けられているだろう。それにより、自分の部屋を見て何か違っている気になる。いい占い師に出会ったと、わざわざそのアンカーを利用して自己洗脳までしてしまうのである。

占い師たちは、こういった手法を経験的に学んできたのであろう。彼らは、独特な雰囲気を持つ占いの館や、水晶球を見つめさせる凝視法による催眠誘導などを利用して、巧みに変性意識を生成し、そのうえで客の過去の嫌な体験やうれしい体験などを聞き出してアンカーを作る。客にとっては、長期記憶化された出来事なので、当然アンカーも長期記憶化される。結果、A子は占い師に心酔してしまう。彼女が金を払うのは、むしろ必然の行為となるわけである。

◉洗脳におけるラポールの存在

日常的に存在するアンカーとトリガーは、占い師の例だけにとどまらない。高額な壺を売りつける霊媒師や、数十万円はするドンペリゴールドを注文させるホスト……。客観的に見れば異常だとも思えることが当たり前のように行われている。

それにしても、いくら彼らがアンカーとトリガーの長期記憶への埋め込みが上手だったとしても、こうも簡単に多くの人々が術中にはまるものなのだろうか？

この答えは、変性意識状態に引き起こされるラポール[※46]という現象に隠されている。ラポールとは、強い変性意識下で被験者が術者に好感を持つ現象のこと。心理療法の世界では、治療効果をもたらすのに重要な要因として知られている。映画俳優や催眠術師がもてるといわれているのは、これが原因だろう。

臨床心理では、治療者と患者の間の信頼感をラポールと呼んでいるが、厳密には変性意識下で生成される強い信頼関係を指す。変性意識下で仮想世界を共有する親密感といってもいいだろう。例えば、女性の患者であれば、男性治療者に対して恋人や父親、兄などに対するのと同じような感情を生成する。この感情は転移（transference）と呼ばれ、患者がかつて自分に深く関係した人、特に両親に対して抱いていた感情的態度を治療者に向けることを指す。信頼、感謝、尊敬、情愛、憧憬、親密感などの感情を持つことを陽性転移（positive transference）、敵意、不信、攻撃性、猜疑心、反抗、憎悪などの感情を持つことを陰性転移（negative transference）と呼ぶ。また、治療者が患者に対して転移の感情を持つ場合を逆転移（counter transference）という。フロイトは、逆転移を「分析家の患者に対する無意識的かつ幼児的な反応」と解釈しているが、ラポール下における治療者の転移に対する無意識的な反応と理解すればいいだろう。

この転移感情を、深い変性意識によって引き起こされたラポール体験下で利用するのが、洗脳的手法の一つである。ただ、失敗すれば陰性転移感情が生じる場合がある。カルトなどで、古くからの側近がある日突然、強烈な裏切りを働くのは、陰性転移が原因ともいえるだろう。それまで成功していた陽性転移が、逆転移の扱いに失敗するなどの理由で、陰性転移へ移行したのである。そう考えると、ユダがイエスを裏切ったのは、陰性転移を抱いてしまったからかもしれない。

ちなみに、恋する乙女は相手の男しか見えない「恋は盲目」現象も、ラポールが関係している。「恋は盲目」現象の場合は、恋愛感情による側坐核でのドーパミン放出が強烈な変性意識生成に大きな役割を果たしており、強いラポールが生成されて、他の異性に惹かれることがない。これに関しては、ラポールを変性意識下での年齢退行現象の結果とみる研究者もいる。患者の精神が低年齢化することで、両親に対するような強烈な親近感を、変性意識を生成した相手に対して抱くのだという仮説である。

では、占い師やホスト、霊媒師の場合はどうだろうか？

これらのケースは、明らかに術者が意図的に仕掛けた変性意識生成に付属した現象である。深い変性意識状態から強烈なラポール感情を一時的に生成し、そこから陽性転移感情を引き出している。変性意識が強度な場合は、単に強い転移感情を持つのみならず、術者のことが被験者にとって理想的な人物に見える。オウムを脱会した信者に話を聞くと、洗脳されていたときは麻原教祖がとてもハンサムに見えたそうだ。

先の占いのケースでは、長期記憶に埋め込まれたアンカーとトリガーに加え、変性意識より引き起こされたラポールを利用して客の心を惹きつけていたことが分かる。古来より強烈な変性意識を生成できる人物は、ラポール現象が相まって、多くの人々から愛され、尊敬されてきた。古代のシャーマンや近代の独裁者たちが熱狂的な支持を集めたのも、ここに要因があるのではないだろうか。そう考えれば、強い変性意識を作れる者は、世界を掌握する力があるといえるだろう。

◉洗脳と脳内情報処理

以上が現代的な洗脳の流れである。洗脳護身術における反撃手法でもある。

重要なのはとにかく、強烈な変性意識を生成する。そしてアンカーとトリガーの埋め込みを取り間違えないこと。この二点をマスターすれば確実に洗脳の効力を引き出せるはずだ。

ところで、洗脳についてこれまで東洋哲学、西洋心理学及び認知科学などを節々に引用して解説してきたが、科学的にはどのように考えられているのだろうか。

そこで、人間が変性意識を生成されて、内部表現へ介入されているとき、その脳内の物理レベルはどうなっているかについて言及しておこう。ただし、洗脳された状態の脳を調べる研究は行われていないので、ここでは洗脳同様、強度な変性意識を生成する催眠をもとに検証してみる。

ちなみにこの節では、脳内情報処理に関する専門用語が頻出して難解なので、脳機能科学的な話題に興味のない方は読み飛ばしていただいて構わない。ただ、洗脳におけるメカニズムや、最近の脳機能科学の成果も含まれているので、知っておいても損はないだろう。

催眠中の人間の脳は、左脳全体が活性化することが判明している。かつて催眠状態では、主に右脳の活発化が報告されてきたが、実は右脳の活発は催眠暗示の内容により引き起こされるケースが多く、催眠現象そのものは左脳全般が局所血流値（ｒＣＢＦ）を上げて活性化しているというのである。また、下前頭回（inferior frontal gyrus）や前頭連合野（prefrontal association cortex）での活性化も、最近の研究で知られるようになった。

fMRI[※47]やPET[※48]研究では、言語活動やワーキングメモリーの中心をなす44・45野（brocas area）、46野といった部位、感覚情報の最終解釈部位である22・39・40野（wernicke's area）での活性が報告されている。これは催眠が、言葉を使って運動や感覚を支配する誘導である以上、当然の現象としてとらえられている。

さらに興味深いのは、左脳領域の側坐核（nucleus accumbens）、扁桃体（amygdala）、前尾状核（anterior caudate nucleus）、前帯状回（anterior cingulate gyrus）、などの行動制御部位へのドーパミン[※49]経路も、催眠によって活性化しているようだ。側坐核を損傷したラットが衝動的な行動を引き起こすという最近の研究は、日本でも報道されて話題となった。

この中で特に注目すべきなのは、前帯状回。この部位は、痛みの抑制指令を出したり、痛みによる覚醒・逃避、情動の喚起逃避、情動の喚起を行い、ルーチン的な活動の欲求、発動を促す経路だ。強迫性障害、薬物乱用、依存症に深くかかわっていると考えられている経路でもある。最近、この前帯状回では、依存薬物を吸引すると想起しただけで、ドーパミンの活性が認識されたとの報告がある。厳密には、コカイン常習者の側坐核におけるドーパミンの放出が、実際にコカインを吸引する数秒前に起こるというのである。依存薬物を吸引したときの想像が、ドーパミン放出を促してしまい、その後で実際の吸引によってさらにリワードが働くというプライミングとリワードの関係による依存のメカニズムである。

実際に吸引しないうちからドーパミンが放出されてしまうので、どうしても薬物が欲しくなってしまい、実際に依存薬物を吸引して、再度ドーパミンを出すという悪循環が引き起こされている。これは、前帯状回に催眠を利用して、依存性障害の治療が可能であることを意味している。

また、催眠中には他にも脳の様々な分野で、活性化を引き起こしている。例えば、海馬。海馬は理解や記憶などにおいて重要な役割を果たす部位だ。左海馬が言語タスク、右海馬が認識タスクのエンコードを行っており、ある出来事を長期記憶と比較する判断や、長期記憶へ格納するか否かの判断を下している。催眠中は、この海馬や海馬から言語ワーキングメモリー機能の一部を司る左背外側前頭野（left dorsolateral prefrontal cortex）への発火が確認されている。これにより、人間は幻覚を見たり、感情の変化が引き起こされたりする。

さらに催眠は、視床（thalamus）を活性化させるのにも大きな影響を及ぼしているようだ。視床は、下位脳と大脳皮質を繋いでいる部位。視覚情報入力経路として視神経と繋がっており、脊髄や脳幹を通して触覚や味覚、聴覚情報、そして小脳からの運動情報を大脳皮質に出力する一方で、大脳皮質や大脳基底核から入力を受けて、脳内各部の連合を司っている。催眠導入法で、眼球を上に向かせる方法がよく使われているのは、眼球の動きが視床に影響を与え、脳内で直接的に催眠を引き起こしているからだといわれている。

逆に、催眠中活性レベルが下がるところは、右下頭頂小葉（right inferior parietal lobule）、左楔前部（left precuneus）、後部帯状回（posterior cingulate gyrus）が知られている。これらは、空間認知やものを認識する部位である。また最近の報告で興味深いのは、催眠中は扁桃体（amygdala）の活動も抑えられるという点。扁桃体は感情的な評価、特に恐怖や不安、嫌悪など否定的な感情の評価を海馬と連携して行う。扁桃体が損傷すると、恐怖表情の認識に障害が生じるということが約十年前に発表されている。催眠中に海馬が活性化されている一方で、扁桃体の活動が抑えられるというのは、催眠が極端な時間内で強度のラポール現象を引き起こしているのでは、と推測される。強度の変性意識が継続しているカルトなどで、教祖への嫌悪感が欠如しているのもこれと関係しているのかもしれない。

ところで、これらのｆＭＲＩなどを利用した、催眠状態における脳内状態研究の成果が示すところは、催眠中、脳のどこかが眠っているわけではないということだ。また、46野などの高次機能野の一部が、催眠中は働かなくなっているため、暗示によって低次機能野

催眠中の脳内の重要関係各位

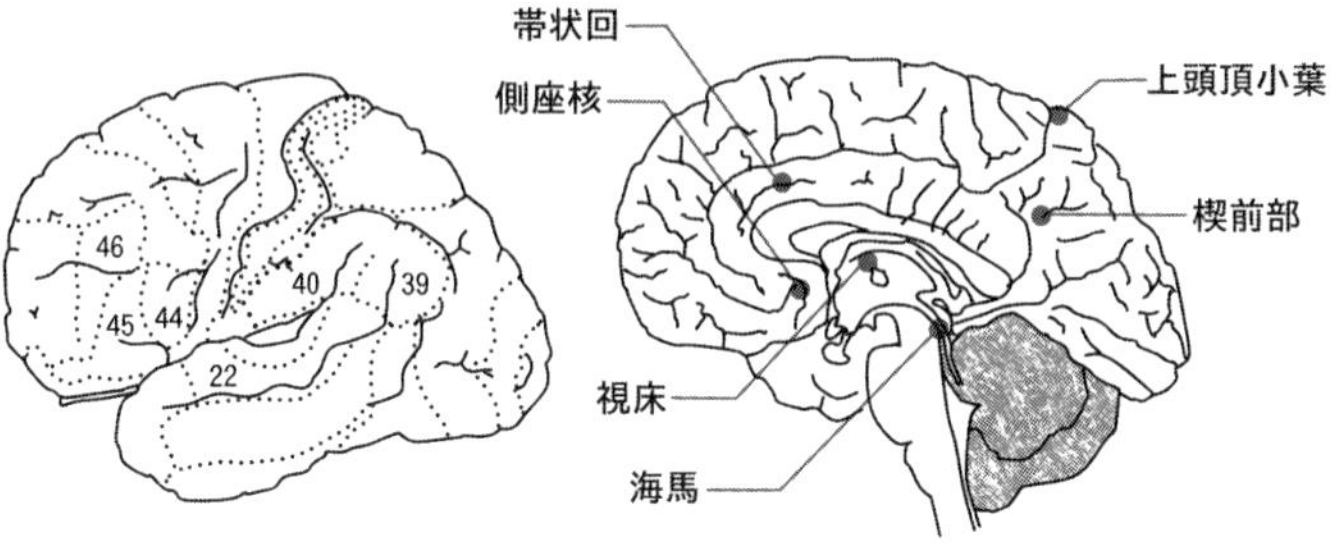

に直接指令が伝わっているのではないかとの仮説もあったが、最近のデータとは反している。高次機能野が働いていなければ、暗示だろうが何だろうが言葉そのものを理解できない。催眠中も高次機能野がしっかり働いているからこそ、暗示の言葉を解釈し、これに従って脳の各部位を活性化させたり、抑制する指令を出しているのだ。

本書では、催眠はホメオスタシス現象によって物理的現実世界とは違い、仮想世界への臨場感状態である立場をとるが、これはまさにｆＭＲＩなどを利用した機能脳科学研究の成果から発生した着想である。仮想世界での臨場感の生成は、視床やドーパミン経路の活性、並びに海馬での活性化に深くかかわっていると考えている。これにより、高次機能野から低次機能野にまたがって広がる内部表現が、言語や言語以外による暗示などの書き換えを受け入れてしまうのだ。

催眠は乖離（dissociation）、すなわち、認知の不連続性としてとらえられてきている。古くは一九六〇年代初頭のヒルガードが提唱した考え方に、このdissociationが見られる。要は、催眠によって、脳の高次機能野と低次機能野が切り離されてしまうという考え方である。最近では、高次機能野の指令が低次野に行かなくなるのではなく、高次野自らが暗示に合わせて、異なる臨場感世界に整合的な指令（内部表現の変化に整合的な指令）を出しているのではないかとの報告もある。指令の中には、抑制（inhibition）指令があり、その結果、痛みを感じなくなることがある。こういったinhibitionも、46野を含む高次機能野が十分に活動して下された指令なので、dissociationが引き起こされていると考えられる。


ここまでが、催眠状態による脳内の物理レベルである。洗脳状態の場合は、この催眠の形がアンカーとトリガーの関係の長期記憶化により、永続的に続いていると考えられる。いかがだろう。洗脳中の人間が恍惚状態に陥ったり、幻覚を見る要因がいくらか分かっていただけたのではないだろうか。

さて、次章では気功を用いた洗脳術について解説していこう。

第4章

気功を用いた洗脳術

気功――。この言葉を聞いて皆さんは何を想起するだろうか。中国の拳法？　人間を吹き飛ばす魔法？　病気を治す東洋の神秘の力？

テレビや雑誌でしか見たことのない人にとっては「本当に存在するのか？」と疑ってしまうかもしれない。また「そんなものは漫画の世界だけだ」と一笑に付す人もいるだろう。しかし、これまで展開してきた精神世界を体感した経験のある人、もしくはこれから足を踏み入れようとする人にとっては、それは確実に存在すると断言しよう。

本章では、気功を用いた変性意識の生成方法を詳述していく。体得できれば、呼吸法よりも容易に、そして高度な洗脳護身術を駆使できるようになるだろう。また、気の威力を引き出す秘伝の武術功も開示する。

◉気は存在する

私はたびたび洗脳には、催眠よりも気功の方が効果的だと主張してきた。その理由は、気功には言葉を使って暗示をする必要がないからである。言葉を使わずに変性意識を生成させ、そして内部表現を操作できれば、相手に洗脳されているという疑心を与える可能性が低い。催眠は相当な術者でない限り、言葉を使わずに変性意識を生成できない。そのため、下手をすると被験者に「私は今、洗脳されているかも」と勘繰られるおそれがある。

では、気（ヨガではプラーナ）は本当に存在するのだろうか？

答えはＹｅｓだ。ただ、気が実在するといっているわけではない。存在はするが、実在ではない。第一章で述べた「霊は実在しなくても、実在すると同じ効果がある」「霊は存在するが、その実態は空である。情報空間（仮想空間）にしか存在しないが、物理的な生体に影響を与える」と同様だ。

皆さんの中に、気功療法を試したことがある人はいるだろうか？　気功療法は、疾患部に気を送ることで治療を施す技術だ。通常、気功師から身体の一部分に気を送られたら、その箇所が熱くなってくるのを感じるだろう。これは別に、気功師の手から放射される気が熱いわけではない。もし本当に熱ければ、気で洗濯物を乾かしたり、赤外線ストーブ代わりとなって温まることができるはず。しかし、そんなことはあり得ない。

ならば、気はまやかしであろうか。それも違う。何もないわけではない。気は分かりやすくいうと、言葉を使わない情報伝達手段である。例えば、言葉は口から発せられ、空気を振動させて音として相手に伝えられる。だからといって、空気の振動が言葉の正体かといわれれば、そうではない。空気の振動にエンコードされた情報内容そのものが言葉の正体である。気も同様だ。気功師の掌からは、赤外線やその他の波長の電磁波が計測されている。しかし、気の正体は電磁波ではない。赤外線などの周波数帯の電磁波にエンコードされた情報内容が、気の正体である。フロッピーディスクに磁場が計測されても、その磁気がワープロ文書の正体ではないのと同じだ。ワープロ文書の正体は、あくまでも記述された文章だ。気にとって赤外線などの電磁波は、情報を伝達するメディアにすぎず、その正体ではない。「気は存在するが実在しない」というのは、「言葉は存在するが、それに物理的実態があるわけではない」というのと同じことである。

人間はどういったわけか、様々な光の波長に情報を書き込むことができる。具体的には、電磁波に情報を書き込むといった方が正しいかもしれない。というのも光（可視光）とは、電磁波の中で人間の目に見える波長のもののみを指し、ガンマ線のように波長が短くて不可視のものや、波長が長くて不可視のものは電波と呼び、これらを総称して電磁波と呼び慣わしているからだ。

また、気は電磁波ではなく、宇宙のエネルギーや生命エネルギーなどともいわれている。比喩的な表現としては、その通りだろう。しかし、実際は「情報」である。というより、宇宙エネルギーや生命エネルギーもその正体は「情報」であるというべきかもしれない。インド哲学の「唯識」の根幹となっている「宇宙は情報から成り立っている」という考え方である。※50 現代的にいうと、表現論的物質主義（Representational Materialism）の立場に近いだろう。人間の死は、脳を含む人体としての情報処理機関の機能が停止したときだが、これは生命エネルギーが枯渇したときと同義。つまりこの比喩では確かに「情報＝エネルギー」の図式が成り立つ。

気によって身体が熱く感じるのは、広い意味で暗示効果が働いているからである。要は脳へ「あなたの手はこれから重くなります」といわれると、何となく重く感じてくる。これは脳へ「手が重くなる」という情報が伝わって、身体が反応しているからに他ならない。暗示によって内部表現の書き換えが行われ、これに整合性を維持するためのホメオスタシスが働いて、実際に重たく感じるのである。

気の場合は器官に対して直接「治れ！」という情報伝達が働いている。言葉での伝達ではなく、気による伝達だ。気功師から送られてくる気によって、患者の脳には気功師と患者、双方にとって無意識レベルでの出来事として「暖かく感じなさい」とか「治れ！」という情報が伝達され、身体が反応するのである。内部表現の書き換えと、ホメオスタシス作用による生体の変化だ。ただ、その情報伝達が電磁波などにエンコードされた情報により、無意識レベルで伝わっているのだ。

気は誰にでも発することができる。ただ、皆さんが気付いていないだけだ。そして気は誰にでも操作することができる。なぜなら、気は言葉と同じコミュニケーション手段だからだ。故に、気功語と称しても差支えない。人間は生得的な言語能力に訓練を加えることで言葉を駆使できるようになるが、気も存在を認知し、半年から一年ほど訓練すれば簡単に操れるようになる。

◉養生功と秘伝功

気功には大きく分けて二種類存在する。養生功と秘伝功である。

養生功とは、自分のために使う気功である。太極拳や合気道などが代表的な例で、健康で頑強な肉体を作ることを目的とする。養生功は誰にでも簡単に学べ、中国を中心に広く伝わっている。

一方、秘伝功はその名の通り秘術的な気功で、他人の病を治療したりするときに使う。元来、気功というのは、古代中国の道家の流れで導引[※51]や布気[※52]といった術が原型で、そこにヨガや密教などが組み合わさって確立された。古代中国では、皇帝の身体は神聖だったため、医者は触れることはもちろん、直に見ることとさえ許されていなかった。そのため、御殿医はカーテンや簾越しから治療しなければならないという、現代では考えられない無理難題を押し付けられていたのだ。しかも、皇帝の病を治さなければ、医者自身の命が危なくなる。そこで用いられたのが秘伝功である。

触れることなく治さなければならない。しかも、しくじれば自分が殺されてしまう……。御殿医たちは必死だっただろう。実際、秘伝功の効果は高く、何度も重い病を治したといわれている。そこには患者の強い思い込みからきている一種のプラシーボ効果[※53]があったのかもしれない。しかし、気功師の「病よ消えよ」という気の命令は確実に有効である。これは、現代医学でも認められている。

道家の考え方で、養生功と秘伝功が大きく異なる点は、気の出所にある。養生功は自分の気を使って自身を高めるための術で、他人を治すことはできない。道家では、自分の気を病気で弱っている他人に送ると、気が吸い取られて減ってしまうと考えられている。他人のために気を使うと自分自身が弱り、下手すると死んでしまう可能性があるわけだ。例えば、合気道の流派によっては自分の気を使って他人を倒すが、互いに健康な肉体を持つ者同士が対峙する分には、結果的には気をやり取りする形となるので、自身の気の絶対量が減ることはない。しかし、病気で伏せている人は気が少なくなっているため、一方的に気を送り続ければ消費するだけとなる。これでは、いくら合気道の名人といえど、毎日何十人もの病人に気を送っていたら三年もたたずに倒れてしまうだろう。他人の病を気で治す気功師も、秘伝功を学んでいなければ早死にするといわれている。

では、秘伝功の気はどうして病人に送っても大丈夫なのか？

そもそも人間が使える気の源は三つある。一つは食物から得たエネルギー。地球上でエネルギーを生み出せる生物は、光発電、すなわち光合成ができる植物だけだ。人間は植物を食べた動物を食べるという食物連鎖の法則に従って、エネルギーを吸収している。この生命エネルギーが気と考えられている。二つ目は、生まれてくるときに母親から受け継がれてきた気である。母親から、胎児並びに乳幼児に伝えられるエネルギーの伝達と考えればいいだろう。養生功の気は、これら二つの気を源としているという考え方である。

そして、最後の源が秘伝功で使用されている気なのだが、これは人間の中にはない。秘伝功の世界では、宇宙には気の出所がいくつもあると考えられている。そのいくつかの出所の一つから取り込んで発しているのが、秘伝功の気である。気の出所や取り込み方は、流派によって異なっており、気の性質も様々である。ただ、これらの気は無限大にあるため、一日に何十人もの病人に気を送り続けても自身の気が減ることはないし、肉体的にも全く影響がないと考えられている。

何だか荒唐無稽な話にも聞こえるが、こういった宇宙の気の源は、各秘伝功の流派がそれを秘伝として伝え、それを受け継いだ者がその存在を強く信じることで、内部表現上に強力な気の源を作り上げていると考えればいい。そうやって強力な内部表現上の生命エネ

養生功と秘伝功

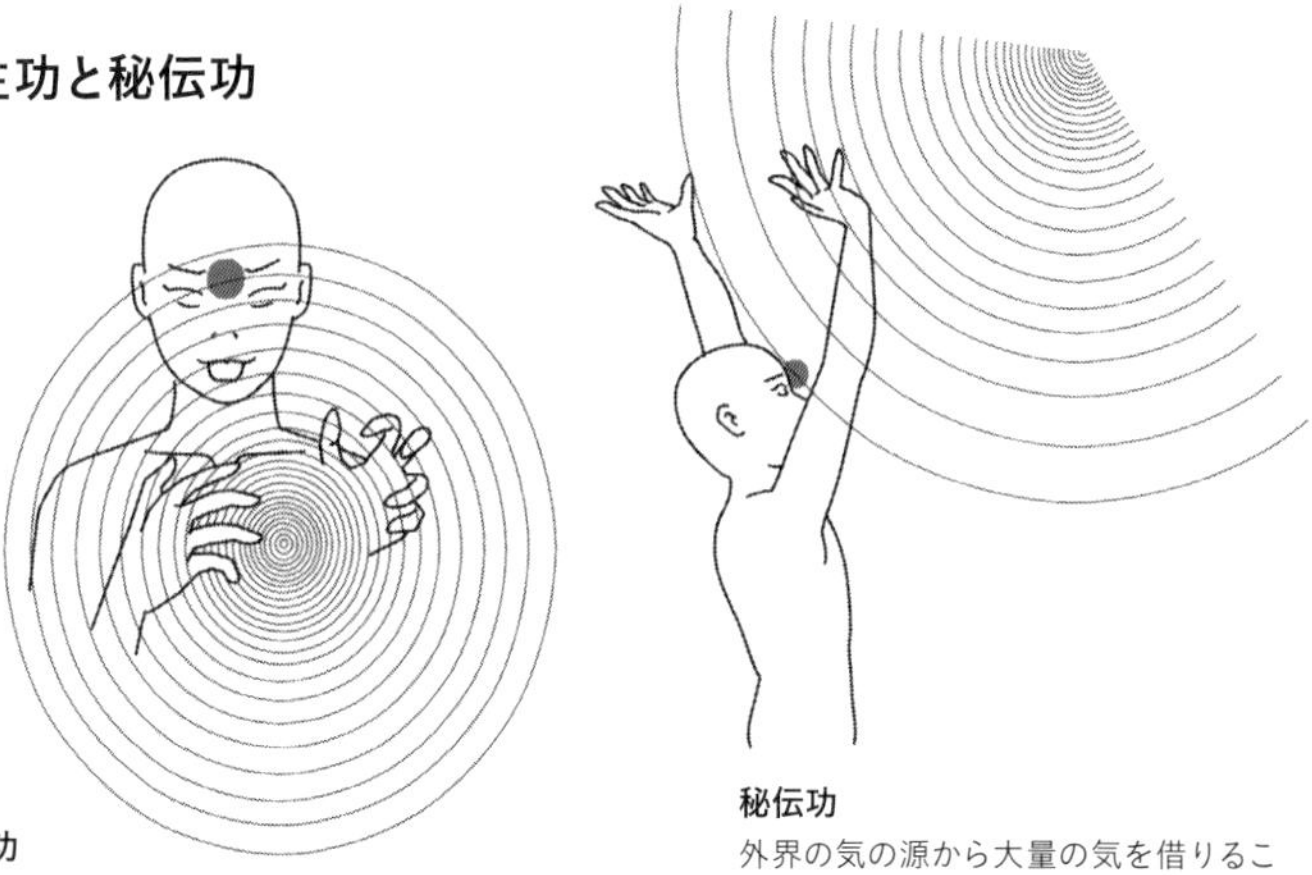

養生功
自分の体内から気を放出することで、自身を鍛錬する。

秘伝功
外界の気の源から大量の気を借りることで、他人にも使用できる。

ルギーを維持できるならば、相手の病の内部表現に自己の健康状態を書き換えられることはないだろう。そして、相手を包んだ気のイメージは、ホメオスタシス同調により、物理的身体まで連続する内部表現に何らかの書き込みをなしているのだ。これは密教における加持のメカニズムと似通っている。

このように秘伝功は、内部表現イメージの方法論としても、内部表現操作の技術としても磨滅することのない強力な気功術なのだが、その気の出所、取り込み方を知る方法は非常に困難である。なぜなら、秘伝功を操る気功師は本場中国にも一握りしかいないからだ。また、秘伝功は基本的に門外不出の秘術として伝えられているため、赤の他人がおいそれとそれを伝授してもらうことはできない。

それ故、本書では養生功を中心とした、変性意識の生成法を解説していく。確かに秘伝功の無限の気を使えればそれに越したことはないが、洗脳護身術は他人の病気を治すわけではないので、養生功の気でも構わない。相手がごく普通の健康体であれば、合気道や柔術のように相手の気を利用するだけなので、自らの気が減ることはないだろう（ただ、どうしても秘伝功を体得したいと考えている方は、見合った先生を紹介するが）。

◉気功による変性意識の生成法

では、さっそく養生功の気及び、変性意識の生成法を解説していこう。養生功は自らの体内の気の流れをよくするだけでなく、気の鍛錬に繋がり、ひいては変性意識を生成してくれる。養生功の気の鍛錬法は次の三つが有効だ。

一、亀息法
二、站樁功
三、行功

一つ目の亀息法とは、一定の呼吸を形作ることで、亀のように長生きするという、いわば健康法である。気功法としてはごく一般的だが、疾患の予防にも役立つ。

亀息法のやり方はまず、あぐらの状態になり姿勢を正しく保つ。あぐらが不得手という人は、尻の下に座布団を敷いて、できるだけ楽にするといいだろう。また、背もたれに背をつけなければ、椅子に座って行ってもよい。ちなみに正座は血流が悪くなるので好ましくない。次に顎を引き、上半身を真っ直ぐにしたまま、全身をリラックスさせる。肩の力を抜き、頭頂部がひっぱり上げられる感覚だ。このとき表情は少し微笑んだ感じで閉眼、もしくは半眼にして、舌先を上あごの歯の裏に軽く触れておく。さらに下丹田を両手で覆うように組む。これが亀息法の基本体勢である。

呼吸はすべて鼻からで、逆腹式呼吸で行う。ゆっくりと、細く、深く、長く呼吸する。吸気の際は、腹をへこませて横隔膜を持ち上げるような感覚、呼気は腹を膨らませて横隔膜を下げていくような感覚だ。慣れてきたら今度は、吸気、停止、呼気、停止と、呼吸ごとに一拍の間を置く。吸気を少しずつ長くし、呼気を少しずつ短くしていくとさらに効果的だ。

亀息法のポイントはできるだけゆっくり行うこと。一分の間に二～五回を目安に、それこそ自分が亀になったような気持ちになって、ゆっくりと行う。呼吸の回数が少なければ少ないほど有効だが、あまり苦しくなるようだと身体に悪影響を及ぼすので、あくまでも楽な範囲で続けていただきたい。呼吸の際は、意識を下丹田に集中しておく。すると、次第に下丹田が熱くなり、変性意識が生成されるはずだ。

この呼吸法は、起床時と就寝前に各十五～三十分ぐらいを目安に行うといいだろう。疲労回復効果が見込めるので、疲れを取りたいときにもお勧めである。また、気功練習中は、変性意識状態に陥るため、頭がぼうっとしがちである。そのため練習を終えるとき（収功）は、目を見開いて眼球を左右に回転させ、両手を軽くこすり合わせてからそのまま顔と頭を拭うと、すっきりするだろう。加えて気が放出されれば、唾が大量に出るようになる。この唾は身体にとてもよいので、決して吐き出さず、丹田に貯めるイメージで飲み込んでほしい。これは次の二つの気功法でも同じだ。

続いて二つ目の站椿功に移ろう。これは別名立禅ともいい、中国武術功の鍛錬法としても有名な気功法である。

站椿功の基本姿勢はまず、立った状態で足を肩幅くらいに開いて、つま先は八の字ではなく平行にする。続いて、膝を軽く曲げる。このとき上から見て、膝がつま先よりも前に出ないようにするのがポイント。次に、両手を開いて胸の高さまで上げ、大木を抱えるような感じで円を作る。左右の指先はくっ付けず、二十～三十センチくらい離す。さらに肩をリラックスさせて、肛門を閉め、腹を軽くへこまし、足の指は地面を掴むような感覚で曲げる（鷲爪）。そして表情や舌先を亀息法のときと同じようにする。

呼吸はすべて鼻だけで行うが、亀息法と違って、通常の腹式呼吸で構わない。ただし、自分の呼吸に耳を傾け、回数を数えるようにする。呼吸の際の意識は、眉間に集中させて忘我を目標とする。何も考えないように、ただ呆然と眉間から正面を見るような感覚がいい。慣れてくると、次第に気が身体中を循環していくのが分かるだろう。円形に保っている腕に沿うようにして、気の塊が循環するのを感じるはずだ。左右の指先は離れているのに、気が指先から指先へと伝わっていく感覚になる。最終的には、気の塊の循環に合わせて、身体ごと動き出すことがある。

站椿功は一回当たり三十分～一時間を目安に行うといい。ただ、この気功法は養生功の中でも肉体的に疲れる部類なので、できるだけ無理をしないように心掛ける。特に腕の疲労は激しいので、疲れた時点で両腕を円形に撓めたまま、両腰に触れないように気を付けながら下ろし、疲れを一時的に取って、もとの胸の高さに戻すといい。年齢や自分の体力に合わせて、膝の角度を変えてもいいだろう。ただし、膝は必ずつま先より前に出ないように注意すること。逆に体力に自信のある人は、膝を直角に曲げて、椅子に座っているような感覚で腰を落とすと効果的である。収功は、亀息法同様、両手をこすり合わせて顔と頭を拭い、さらに全身を拭う。腿と腰は疲れているはずなので念入りに行い、最後に筋肉をほぐすように軽く叩くといいだろう。

三つ目の行功は、先の二つと違い、歩きながら行う気功法である。これは練習時間を設けずに外出や通勤通学時など、日常に取り入れると効果的である。

まずは、全身をリラックスさせながら歩く。このとき必ず、右足から歩き始めるようにする。次に右足を踏み込む際に吸気を二回

養生功の生成

STEP1 亀息法

あぐらの状態になり、姿勢を正しく保つ。あぐらが苦手な人は椅子に座ってもよい。

顎を引き、肩の力を抜いて全身をリラックスさせる。閉眼もしくは、半眼で舌先を上顎の歯の裏に軽く触れる。さらに下丹田を両手で覆うように組む。

1分間に2〜5回を目安にゆっくりと逆腹式呼吸を行う。このとき意識は下丹田に集中する。すると次第に変性意識に陥る。

STEP2 站樁功

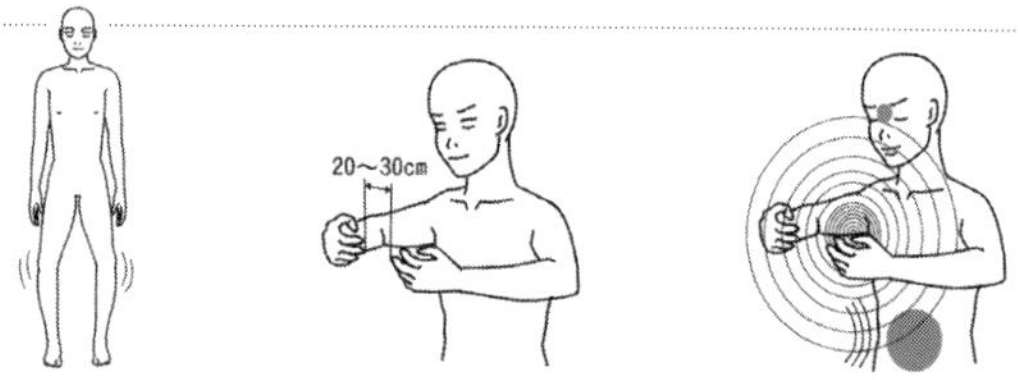

立った状態で足を肩幅くらいに開いて平行にする。つま先より前に出ない程度に軽く膝を曲げる。

両手を開いて胸の高さまで上げ、大木を抱える感じで円を作る。この時両手の指先が20〜30センチの間隔で空くようにする。

肩をリラックスさせて、肛門を締め、腹を軽くへこまして通常の腹式呼吸を行う。一回あたり30分〜1時間を目安に、身体に負担をかけないように心掛ける。

STEP3 行功

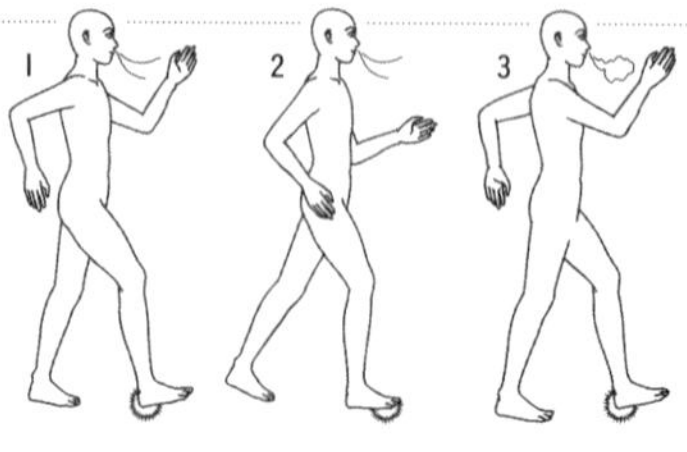

1.基本的には歩きながら行い、必ず右足から始める。右足の踵が地面に着地する際に息を吸う。2.さらに右足のつま先が接地したら、もう一度吸気を行う。3.左足の踵が接地する際に息を吐き、つま先が接地したら一拍呼吸を停止する。後はこれを繰り返しながら歩く。このとき腕を元気よく振りながら行うとより効果的だ。

行い、左足を踏み込む際に吸い込んだ息を一気に吐いて、一瞬呼吸を止める。

行功のコツは、右足の踵が地面に着く瞬間に一回目の吸気を行い、つま先が接地するときに二回目の吸気を行うことだ。呼気は、左足の踵が接地する瞬間に息を吐き、つま先が接地したら呼吸を停止する。

最初は呼吸に合わせて歩くのは難しいだろうが、一日中意識して練習すれば慣れてくるだろう。歩行の際は、足裏のツボを刺激するように意識し、拳は綿を掴むくらいの感覚で軽く握って、元気よく腕を振る。すると次第に身体の感覚が軽くなって、気の循環もよくなってくるだろう。

以上、三つの気功法を毎日欠かさず練習していると、強烈な変性意識が生成されるはずだ。そして、これまで見えなかった気の流れが、変性意識のもとで見られるようになるだろう。

◉外気治療のメカニズム

気功は言葉を使用しない情報伝達手段であり、洗脳法にも有効なのは前述した。中でも、秘伝功における外気治療は、洗脳護身術の基本であるマインドエンジニアリングと密接な関係がある。

外気治療は、相手の身体の内部をイメージして疾患部分を調べる。そしてイメージした臓器上で直接治療を施す。腫瘍を取り除いたり、患部が熱を持っていたら新鮮な空気や水を送り込んで冷やして洗浄したり……。とにかく相手の患部を完璧にビジュアライズ化した、イメージ上での手術である。信じられないかもしれないが、イメージしたことがしっかりと患者の身体に伝われば、実際に患部が治療することがある。まさにホメオスタシスの同調である。

これがうまくいくかどうかは、相手の体内の状態をいかに正確にビジュアライズできるかにかかってくる。そして体内の疾病状態を健康状態にイメージ上で書き換えることで、相手の身体がそれに従って治ろうとするのである。この方法論は、患者のホメオスタシス空間の身体の状態を表す内部表現の書き換え、つまり洗脳護身術と同じである。医療気功の効果は、オカルトレベルの話ではなく、実際に小児科から外科まで、あらゆる分野の医学部教授方々によって設立された日本統合医療学会や日本代替・相補・伝統医療連合会議などで、臨床例が数多く発表されている。

秘伝功は、このホメオスタシス同調を極短時間で引き起こすテクニックと、患者とホメオスタシス同調しながら相手の患部だけを治し、自分が病気にならない強力な自己の内部表現を維持する。ホメオスタシスをうまく同調するだけなら、武道の達人にだってできる。実際、合気道の達人などは、気功治療もこなしている。しかし、多くの合気道の先生などは、気功治療を行うことで、自らの身体を壊している。それは武道の修練でホメオスタシス同調の技術は身に付けたが、内部表現が共有された状態で相手の患部だけを治し、自分の身体は健康を維持するという、相手の病気に自らの内部表現を書き換えさせない技術が身に付いていないからだ。ホメオスタシスが同調していれば、相手の病が自分に移行してくるのが普通だ。それが相手の病だけが治り、自分の身体が健康でいられるのは、強力な精神の基礎体力を秘伝功の術で維持できているからだ。

治療効果のある気やその仕組みについては、いまだ解明されたというわけではない。本書の考えでは、生体レベルの生命情報に何らかの書き込みが、ホメオスタシスフィードバックの力と、相手の内部表現の書き換えによって引き起こされる現象で、その内部表現にイメージの力を使って情報伝達するメカニズムであると見ている。それ故、気は「治れ」という情報そのものだといえる。そしてその情報が、発気中の気功師の掌から計測される赤外線や電磁波にエンコードされているのであろうと考えている。女性の生理周期が一致する媒体は、フェロモンという匂いの物質であることが解明されたが、気功師がホメオスタシスを同調できる媒体が何かはまだ不明だ。とりあえずは、掌から放射される赤外線などの電磁波ではないかというのが、大方の専門家の合意点である。

さて、気功には千里診脈と呼ばれる遠隔治療がある。これは患者から何キロも離れたところから行う気功治療のことだ。科学的に考えれば、こういった現象については懐疑的にならざるを得ないだろう。なぜなら、もしホメオスタシス同調の媒体が電磁波であったとして、人間の生体から出る電磁波が数キロ先まで届くはずがないからである。遠隔治療には、私自身は中立的な立場を取るが、実際にその現場を経験したことはある。昨年、中国の瀋陽で中国秘伝功の第一人者の張永祥老師[※54]の遠隔治療実験に立ち会う機会を得た。その実験では驚いたことに、張老子が気を発すると、十キロほど離れたところにいる患者が、バタバタと両手両足を振り回して反応したのである。ビデオで検証したところ、患者の動きは、張老師の太極拳のような動きに見事に呼応していた。

はじめは、発気のタイミングと動きについて長老師と患者が事前に打ち合わせていたのではと疑ったほどだ。しかし、その動きの合致は、単に打ち合わせでは説明できないレベルであった。この実験では、私が張老師の側で立ち合い、気功の科学的研究の権威である東工大の樋口教授（医学博士[※55]）が患者側にいたので、いわゆるトリック的な行動を取れる状況ではなかったと考えている。

もし、この遠隔治療が本当に効果を上げていると仮定するならば、気は赤外線のような波長の電磁波以外のものにエンコードされている可能性が出てくる。携帯電話の基地局の電磁波ならともかく、気功師から発せられる微弱な生体的な電磁波では、せいぜい届いても数メートルが限界だからだ。

ただ、遠隔治療が事実であったと仮定すると、ホメオスタシス同調が十キロメートルのオーダーで実現可能ということになる。同時にそれは十キロ離れた場所からでもマインドエンジニアリングが可能であることを意味する。つまり、遠隔洗脳が可能になるという恐るべき可能性があるのだ。

◉気功を応用した洗脳護身術の真の力

日本では気功の遠隔治療と似通ったものに、密教の加持による遠隔治療がある。密教の加持では、僧侶は患者の身体をできるだけビビッドにイメージし、大日如来から受けたエネルギーを与えると（加）、三昧[※56]に入って観想する信徒がこれを信じる（持）ことで、治療効果が表れるという。実際に加持中の僧侶は、離れたところにいる患者の疾患部分に、自らの身体で反応を感じたりする。懐疑的な心理学者の間では、患者が大日如来の大悲を強く信じ、高僧の力を強く信じることで引き起こされる一種のプラシーボ効果ではないかと考えられている。これは気功治療の場合も同様である。

これがプラシーボ効果かどうかは別として、日本では古来、密教加持による治療効果が強く信じられており、現代に至っても延々と続けられている治療法である。私も加持のメカニズムを解明したくて長年寺院に通っているが、患者の患部に相応する部位が、熱くなったり、冷たくなったり、痛くなったりしているのを目の当たりにしており、密教が強烈な内部表現の書き換えを行っていることを感得している。もちろん、密教は宗教であり、強力な洗脳手段を持っている故、内部表現の書き換えなどは十八番だろう。それでも、実際にその現場に居合わせていると、その技術に驚きは隠せない。もしかしたら、イエス・キリストやお釈迦様も、このような手法を用いて大衆の病を治していたのかもしれない。日本の各宗派の宗祖にもそういった超能力治療者としての逸話が多いが、これも同じかもしれない。

この事実を踏まえれば、洗脳護身術でも病気が治せる可能性は十分にあるだろう。さすがに本書でそこまで狙っていないが、いずれは秘伝功遠隔治療家や、密教の加持を超えるような、洗脳遠隔治療家が現れても不思議はない。

とにかく気功や密教による治療法で最も重要なのは、まず第一にホメオスタシス同調を実現すること。そして、相手の病で自らの身体が病にならないレベルの強力な内部表現上の自我を実現することである。そのうえで、相手の特定の患部状態を書き換えるための、相手の身体のビジュアライズである。これは第一章の瞑想法で解説しているが、洗脳護身術でいう精神の基礎体力から、マインドエンジニアリングに繋がる部分である。気功では、気が見えるようになるまで練習するのがポイントだという。物理的に気が見えるのではない。変性意識状態のもとで見えているのだ。気という触感で感じる媒体を後天的共感覚訓練で視覚化する訓練といってもいい。気が見えるようになれば、それを操り、相手の体内の至るところに影響を与えることがより容易になるのは間違いない。

密教では、梵字や観音像をビジュアライズする修行がある。これらに共通しているビジュアライズの力が、強烈な変性意識の生成と、それに伴う内部表現の操作を実現させているのである。

そして相手の心をビジュアライズできれば、治療以外でも活用できる。例えば、テレビ番組で、気を送って相手を後ろに飛ばす映像があるが、訓練を積めば気功についてほとんど知らなくてもできるようになるだろう。そこで次節では、その方法について解説しておこう。

◉気功で相手を吹き飛ばす原理――洗脳カメハメ波

気功を用いて相手を吹き飛ばす。

これは武術気功の醍醐味である。武術気功は中国ではもちろん、仏教伝来が間もない奈良や平安、鎌倉時代の日本、そして現代においても仏法修行という名目で、中国の少林寺などの一部の寺で取り入れられている。ただし、私は気功の本質は、精神の鍛練や心身の健康のために行うものと考えているので、武術として用いるのには賛成ではない。「無傷害」を教えるお釈迦様に帰依する僧が、どんな大義名分があったとしても武術を学ぶべきではないと考えている。

日本の武道は、禅の思想に武術が結合して編み出された感があるが、結局は「あの世の論理」が「この世の論理」に迎合したからであろう。不殺生戒を守る僧が、武術を駆使するという本質的な矛盾は、「精神修行」とか「戦わないための武術」などと言い訳しても解決することはない。そして気功が武術に使われるのにも、同様の矛盾を感じざるを得ない。それ故、あくまでもこの技術は洗脳護身術の一つとしてあるという認識だけに留めていただきたい。

基本的に、気功で相手を吹き飛ばすのは、マインドエンジニアリングを応用すれば簡単である。本書ではこの技術を「洗脳カメハメ波」と呼ぶ。

とりあえず、最初に理解していただきたいのは、気功で相手が吹き飛ぶのは、相手が自ら吹き飛んでいるということだ。ただ、本人が自分で飛んでいると気が付いていないだけである。私は以前、有名な気功家が人を飛ばす実演を見たことがあるが、そこでは子供より、大人の方が遠くに飛んでいた。仮に、気功が何らかの物理作用で相手を飛ばしているのなら、子供の方が遠くに飛んでいないとおかしい。別に、子供だから手加減したようには見えなかった。数人が同時に四方に飛ばされる中、女性や子供、老人は余りとばず、若くて元気な男性ほど、遠くに飛んでいたのである。これは自分から遠くに飛んでいる証明である。つまり、体力のある者のほうがより遠くに飛べるだけのことである。

前述したが、気の正体は、物理的なエネルギーではなく、エンコードされた情報内容そのものである。そのため、相手が吹き飛んでいるのは気功の物理的な力ではなく、気に書き込まれた「飛べ」という情報の伝達に成功しているからだ。認知科学的に解明すると、変性意識下に置かれた状態で、ホメオスタシスの同調を利用して非言語暗示によって相手の内部表現を書き換えるのだ。

そのことを踏まえて、具体的に洗脳カメハメ波を放出する方法について解説していこう。

まずは、準備段階として行功、站樁功で気を放出（練功）する。訓練を積んでいれば、実際に気を感じられるはずだ。練功できれば、右手の指で左手の掌から数センチ離して空気をなぞってみる。すると、掌に「風が撫でる感覚」、もしくは「くすぐったい感じ」や「ピリピリした感じ」を受けるだろう。これは生体レベルでの暗示ともいえるし、体内から放出される電磁波を使った情報伝達ともいえる、誰でも感じる現象だ。もちろん、自分にではなく、相手に行っても同じ体感を与えるはずだ。洗脳カメハメ波はこの感覚を利用する。

準備が整ったら、実践段階に移っていこう。洗脳護身術はすべて変性意識下で行われるので、呼吸法ないしは、気功を用いて自らを変性意識化させ、ホメオスタシスの同調を利用して、相手を変性意識化させる。次に、自分の右手と左手の手首を付けて、そのまま身体の右脇腹の方に引く。手の位置は、左手が上で右手が下。また、両手を引きながらも、相手の目からは決して視線を逸らさず、変性意識をより深くしていく。そして相手の目を見据えたまま、ゆっくりと両手を前に押し出す。

このとき、自分の指先と老宮（薬指の下）から、気が相手の下丹田に向かって、秒速約三十センチの速度で進んでいくようにイメージする。同時に、右手が上、左手が下になるように両手をゆっくり回転させる。さらに、自分のイメージの中で、相手は後ずさっていく姿を強くイメージして、相手の内部表現を書き換える。すると、相手はほんの少しだけ後ろに下がるような反応を見せるはずだ。これは気を感じたのかもしれないし、手のジェスチャーが暗示となって、催眠的に反応したのかもしれない。少しでも反応があれば、カメハメ波は成功である。

両手を押し出している時のポイントは、表情をできるだけ真剣に、かつ自身にみなぎらせながら、相手は必ず後ろに飛んでいくと確信することだ。催眠では権威催眠という考え方がある。Tシャツにジーンズといったカジュアルな格好の精神科医よりも、白衣を着た、いかにもといった感じの精神科医の方が催眠を引き起こしやすいという理論である。それ故、真に迫った表情は、相手に真実味を帯びさせ、内部表現の書き換えを可能としてくれるだろう。余裕があれば、カンフー服を着て、それこそ気功師のような姿で行うといい。

相手が少しでも動いたら、その動きをアンカーとする。術者の両手を前に押し出す動作をトリガーとして、相手の動いた状態をアンカーとするのだ。そして、そのアンカーとトリガーを使って、少しずつ相手の身体を見えない気の力で押し込んでいくイメージを持ちながら、両腕が伸び切るまでゆっくりと前に押し出す。もし、相手がこちらの生成した変性意識状態にはまっていれば、後ろへ下がっていくはずだ。

一度、後ずさりをさせることに成功したら、再度その状態をアンカーとして両手の動きをトリガーとして相手に記憶させる。このとき、暗示の言葉を用いてもいいし、ジェスチャーを繰り返してアンカー化させてもいい。とにかく、術者の両手の動きに合わせて、相

洗脳カメハメ波

STEP 1

気を捻出する

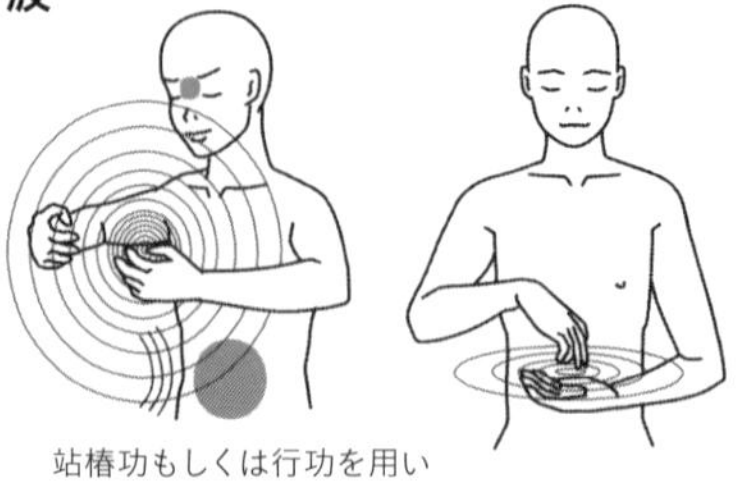

站椿功もしくは行功を用いて気を放出する（錬功）。

気を感じたら、右手の指で左の掌から数センチ離して撫でるように気を送ってみる。掌が風で撫でられているような感覚を受ければいい。

STEP 2

カメハメ波の基本姿勢

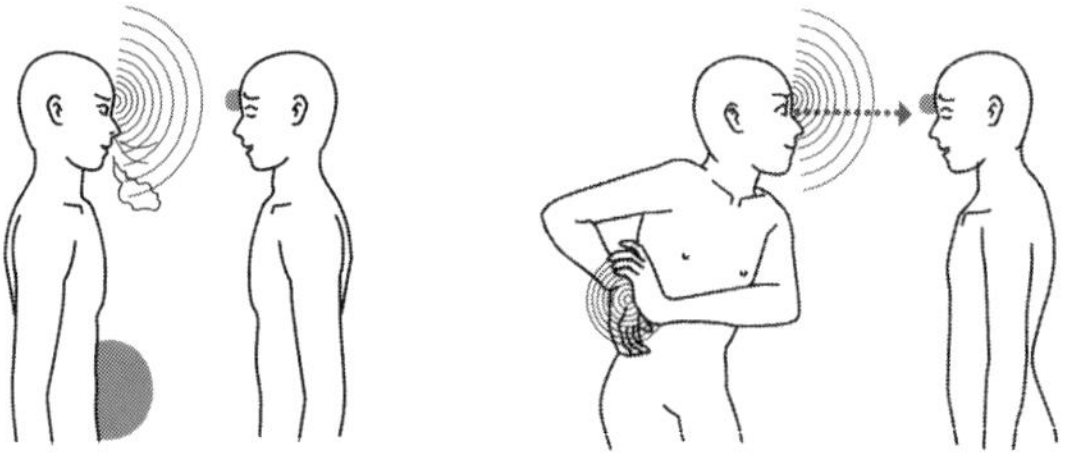

養生功ないしは逆腹式呼吸で自身を変性意識化させ、ホメオスタシスの同調を利用して、相手も変性意識状態にする。

自分の右手と左手の手首を付けて、身体の右脇腹へと引く。このとき相手の目から決して視線は逸らさない。

STEP 3

カメハメ波を放出する

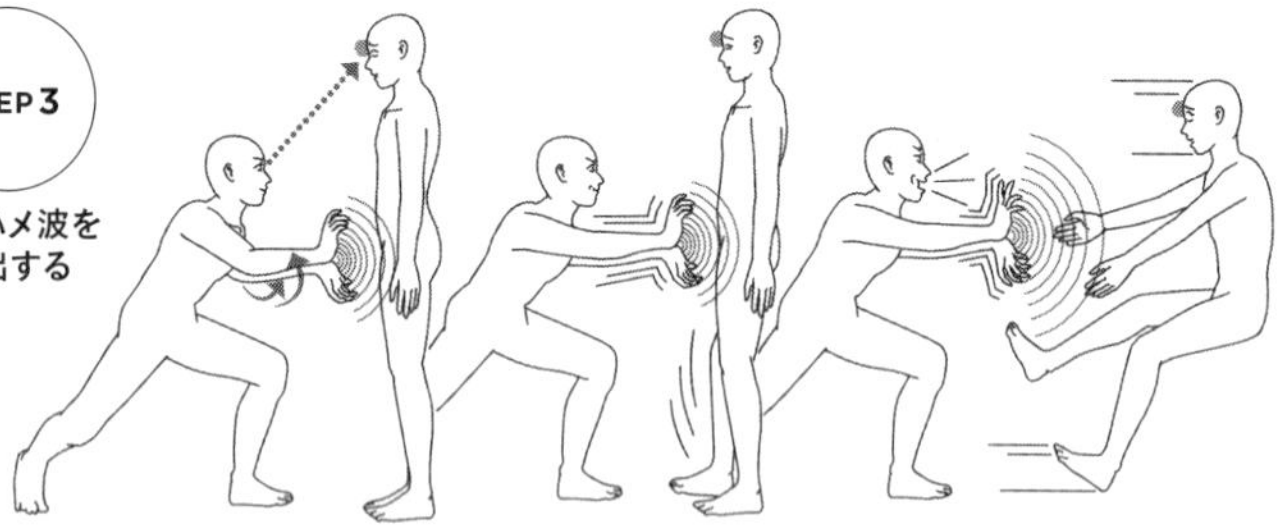

相手の目を見据えたまま、ゆっくりと両手を回転させながら前に押し出す。指先と老宮から相手の下丹田に向かって気が秒速約30センチの速度で進むようにイメージする。

両手が伸び切るまで突き出したときに相手が少しでも後ろに下がったら、その状態をアンカーとして相手に埋め込む。

さらに大げさな動作で気が強くなったことを相手にイメージさせて、同様の行程を2、3回繰り返す。すると相手は次第に大きく後ろに飛び始める。

手が後ずさるようにしっかりとアンカーとトリガーを成立させる。アンカー作りができていれば、両手を押し出す動作を二、三回繰り返す。すると相手は後ろに下がる速度が速くなっていくはずだ。それに呼応するように、術者の手から相手の下丹田に伝わる気のイメージも速度を上げていく。この行程を何度か繰り返していくと、最終的に相手は後ろに大きく飛びはじめるだろう。

洗脳カメハメ波で重要なのは、いきなり相手を遠くへ吹き飛ばそうとするのではなく、自分のイメージや動作、気の放出、内部表現の操作を少しずつ強めていくことである。それには、手の動きや表情を少しずつ大げさにすればいい。もし、言葉による暗示を使う場合は、手をゆっくり押し出すときに一割増ぐらいで気が強くなるように仕向けるといいだろう。いきなり何倍にすると、相手もそこまで強くなったようには思わない。しかし一割ぐらいだと、人間の皮膚感覚は多少の誤差を理解できない。そのため相手は「強くなっているかもしれない」と錯覚し、自然と強烈に感じてくるはずだ。

もし、一緒に練習する相手がいれば、お互いに気を送り合えばいいだろう。段々ではあるが、気が強くなっていくのを感じるはずだ。慣れてくれば、初対面の相手でも、目を見ただけで飛ばせるほどになるだろう。

洗脳カメハメ波によって起こる現象は、別に不思議でも何でもない。生体は訓練すると、そういう感覚が身についてくるものである。

第5章

洗脳の定義、カルト、そして宗教

さて、前章までは、洗脳護身術の実践を見越した技術論を中心に展開してきた。本章からは、洗脳そのものについての背景とその定義、特に宗教やカルトとの関係について詳述していく。いかにして洗脳は確立され、そして我々にどう影響していくのかを考察していこう。

◉旧中国共産党とCIAの洗脳

そもそも洗脳はいつ頃から始まったのだろうか？

洗脳は古くから軍事手段として世界各国で研究されてきたので、特定の時期を辿るのは難しい。洗脳の語源は一九五〇年、エドワード・ハンター※57というアメリカ・フロリダ州の新聞記者が、旧中国共産党が軍事手段として個人の思想を制御する目的で使用していた技術を紹介し、「Brainwash（洗脳）」と名付けたのが最初である。

当時も歴史的風潮として、アメリカでは反共産主義が掲げられ、旧ソ連や中国とは一触即発の関係にあった。いわゆる「赤狩りの時代※58」である。それ故、エドワード・ハンターは、実はＣＩＡのエージェントで、共産主義国の危険性を世界に訴える手段の一つとして、旧中国共産党の洗脳技術を創作したのではないかともいわれている。

洗脳技術が軍事手段として成果を上げ出したのは、一九五〇年代のことである。主に、旧中国共産党とアメリカのＣＩＡで研究が進められてきた。アメリカは旧中国共産党の行動を非難していたが、一方で人間の思想や行動を支配できる洗脳技術には注目していたのである。

当時、旧中国共産党が行っていたとされる洗脳法は、思想改造と呼ばれていた。被験者の睡眠を剥奪し、ゲシュタルトを破壊、すなわち被験者の内省的な自我と記憶のすべてを否定して、こちらに都合のよい価値観を植え込んでいくという手法である。例えば、国民党員というエリートの自分の経歴をすべて否定して、大量の反省文を書かせる。過去の人生を否定させるわけだ。日本でもあさま山荘で衝撃的な事件を起こした赤軍派が、この手法を踏襲してカルト的結束を強めていたのは有名な話だ。とにかく、記憶と価値観を変えることで人格を崩壊させる。これをタビュラローサという。ホワイトボードという意味で、まさにその人の頭の中を真っ白にするのである。

一部のセミナーグループなどでは、退行催眠と合わせてこの手法が多用されていた。被験者を赤ん坊のころまで遡らせて、あらゆる記憶を徹底的に攻撃する。加えて「あなたは何が嫌いか。どうして嫌いなのか」「人生の目的とは何か？」「生き甲斐とは何か？」といった抽象的な質問を繰り広げていく。質問自体が曖昧模糊として明確な答えがないので、術者はいくらでも否定できる。これによって人は、ゲシュタルトと記憶が破壊される。本人は当たり前だと思っていた価値観は覆され、新たな価値観が埋め込まれるのである。

一方、ＣＩＡでは薬物を使用した洗脳法の研究が成果を上げていた。薬物で被験者をトリップさせ、真っ暗な部屋に閉じ込めたり、睡眠を奪うことで感覚を遮断。その後、命題となるメッセージを吹き込んだテープを何度も繰り返して聞かせるというものだ。ＣＩＡは薬物、特にＬＳＤが引き起こす強烈な変性意識に着目し、被験者の精神状態の掌握の研究に成功していた。また、ＮＡＳＡで行われていた感覚遮断実験が、洗脳手法の発明に大きく寄与している。感覚遮断実験はもともと、宇宙飛行士が無重力空間に何日も放置された後の状態を検証するものだったが、そこでは人間は、感覚が遮断された暗闇の中に長時間放置されると、強度な変性意識状態となり、被暗示性が高まり、洗脳されやすくなることが分かったのである。旧中国共産党でも、睡眠を剥奪する手法は取り入れられていたが、薬物を用いてテープを繰り返すという一連の作業を確立したのは、ＣＩＡ予算によるカナダの研究が最初である。

ＣＩＡの手法は、旧中国共産党にも逆輸入され、それはやがて今の北朝鮮に繋がっていると考えられている。日本でも、オウムがヨガや瞑想などを取り入れつつ、ＣＩＡの手法を真似てＬＳＤを用いたサイキックドライビングを実行していたことは知られている。

また、古典的な行動心理学的な方法論を利用した洗脳技術もある。ロールプレイング※59がそうだ。これは、各人にそれぞれの役割を与えて全うさせるものである。有名な例としては、奴隷実験や囚人実験など。例えば、ハイスクールの生徒を二つのグループに分けて、一方が主人、もう一方が奴隷の役割分担をする。これを何週間か続けると、生徒たちの間で本当に主従関係が生じるのである。ヒトラーがユダヤ排斥、絶対規律などで大衆を掌握したのも、そういった行動心理学的方法論を利用した結果といえよう。

ちなみに、洗脳と同義的な扱いでマインドコントロールという言葉があるが、洗脳もマインドコントロールも本来学術用語ではない。単に言葉の出所が違っているだけだ。軍事的な意味合いが強い洗脳に対して、マインドコントロールは宗教（カルト）的な意味合いで、脱カルト関連の人たちが用いていた。実質的な意味での差はないといえるだろう。

強いて洗脳との違いを挙げるならば、マインドコントロールは被験者に気付かれないように行われるものと限定されて語られることが多い点だろうか。従って、あからさまな物理的拘束を用いるオウムの方法などは、マインドコントロールとはいえないことになる。一方、洗脳は被験者が気付いていようといまいと関係なく行われる。そのため、厳密に定義すれば、洗脳というカテゴリの中に、よりサブリミナルなマインドコントロールという手法があるといった方が近いかもしれない。しかし、どちらにせよ、内部表現が完全に制御されてしまえば同義である。

◉洗脳の定義

旧中国共産党とCIAによって確立されたとされる洗脳技術は、ソ連崩壊とともに軍事目的としての価値が薄れ、結果的にはカルト教団や独裁国家によって引き継がれた格好となっている。それはつまり、我々の身近なところまで洗脳の影が迫ってきたことを示している。

では現在、洗脳はどれくらい我々の生活の中に浸透しているのだろうか?

この質問に答えるのは難しい。というのも、現段階でどこまでが洗脳と呼べるのか、という判断基準が非常に不明瞭だからだ。第一章で私は、洗脳の定義に「第三者の利益のため」と条件を付けた。要は、己の意思とは関係なく、精神を支配されることが洗脳だと説いたわけだ。

しかし、どこまでが本人のための利益で、どこからが第三者の利益かというのは、そう簡単に判別できるものではない。例えば、教育がそうだ。教育は一見、洗脳とはかけ離れた世界だと思われるが、モチベーションと手法を間違えば一転して洗脳と化す。

学校教育を受けている子供、特に小学校低学年の生徒たちは、自己判断能力がまだ形成されていない。そのため、大人たちが善悪などの判断を代わりに行って教育内容を選び出す必要がある。基本的には両親や教師、広い範囲では国がその責任を背負う。その結果、国や地方の教育委員会が認めた学校の校則や教育内容が、社会的に逸脱していなければ、それが洗脳の手法に似通っていたとしても洗脳とはいえないことになる。

しかし、その教育が社会的に逸脱していれば話は変わってくる。例えば、校則を百や二百も策定して、一つでも破ると大変厳しい罰則を生徒に与える。これなどは、もはや教育とは呼べない。また、北朝鮮の学校教育は、その国のレベルで受け入れられた方法論と教育法という観点では、洗脳ではない。しかし、世界的レベルで見るとどうだろう。彼らの教育は、我々から見れば明らかに常軌を逸しており、洗脳と指摘されてもおかしくない。

イラク戦争で自爆攻撃を繰り返した、サダム殉教者軍団も同様だ。彼らへの教育も、イラク国内では洗脳とはいえないが、世界的レベルで見ると十分危険であるという認識が米英軍の論理だった。

「洗脳されている」という審判は、一般的には世界の大勢の視点で下す。例えば、北朝鮮やイラクが洗脳国家とみなされたのは、国際社会の常識を逸脱していたのが明白だったからだ。しかし、それだけでは判断しきれない面もある。

北朝鮮やイラクの一方で、米特殊部隊を作り上げたアメリカの軍人教育は、今のところ洗脳とは指摘されていない。しかし、サダム殉教者軍団への教育が洗脳で、米特殊部隊への教育が洗脳ではないという境界線はどこにあるのか？　米特殊部隊も、洗脳されているという定義に当てはまる要素は十分にある。

これらの区別は、もはや我々だけでは判断し切れない。最終的には、歴史の裁定に委ねざるを得ないだろう。

◉セールスや恋愛は洗脳か？

洗脳か否かという問題は、セールスなどの日常的なケースも例に挙げられるだろう。基本的に洗脳は、精神が制御されている期間が長いのが特徴だ。アンカーの長期記憶化や内部表現の書き換えの固定化が前提となる。従って、最近よく耳にする催眠商法などを洗脳だと指摘する人がいるが、厳密には違う。催眠商法で買わされた商品はしばらく時間が経つと、本人はそれが失敗だったと気付く。そのため催眠が覚めればクーリングオフすればいい。街角で英会話などのキャッチセールスに捕まり、にわか仕込みの洗脳的手法で入会させられたところで、翌日に解約すれば深刻な事態には発展しないだろう。

だが、これが長期に繋がる価値観の書き換えが行われていたら洗脳だ。粗悪な製品を高額で買わされたにもかかわらず、いつまでもその製品を良品だと思い続けるケースである。何の変哲もない野菜を美味しいと感じて買わされても、翌日になって「普通だな」と思えば洗脳ではないが、いつまでも美味しく感じて買い続けるようになると、それは洗脳された可能性がある。

では、洗脳的手法を用いられても、買わされた商品が法外な値段ではなく、数千、数万円単位だった場合はどうだろう。これは洗脳とは断定しづらい。また、他の商品よりも値が張る健康グッズを購入したが、実際に効果があったならば、洗脳の影響とはいいづらい。洗脳の定義上、本当に本人に好影響を与えていれば、洗脳的手法で購入させられたとしても洗脳とはいえないからだ。

逆に、洗脳と選別できる例としては、恋愛などが挙げられる。通常、意中の女性の好意を自分に向けさせるのは、洗脳とはいわない。なぜなら、それが彼女にとって、客観的に不利益だとはいえないからだ。ちなみに、女性の気を惹くには、彼女に強い変性意識を引き起こすだけで十分なことは先の技術論で詳述した。人間は他人に変性意識を生成され、特に内部表現を操作されると、ラポールという現象が生じ、その人に親や恋人に対するような好意的な感情を抱くというモデルである。

恋愛が洗脳となるのは、それが本人の不利益になるにもかかわらず、自発的に自分の好みや生活までも変えて、相手に好意を持ったときだろう。いとも簡単に大金を与えるようになってしまえばもう決定的である。

もちろん、金を引き出すといっても「明日までにサラ金にお金を返さなくてはいけないから、十万円援助してほしい」というレベルではない。それは単に、現実的な事実を述べただけである。確かに、女性の心を掴めば、十万円ほどなら都合がつくかもしれない。しかし、そこへ至るまでには、お互いに打ち解けあって、信頼されて……と、ある程度の時間がかかる。出会って翌日にお金を無心したところで疑われるだけだろうし、立て続けに要求すれば、彼女の心は離れていくに違いない。

恋愛に洗脳的手法を加味するケースとしては、ホストがいい例だ。ホストは女性自身が楽しみに行くところなので、本人の不利益になっていないのでは、と思われる人もいるだろう。その意見は正しい。しかし、ある一定のレベルを超えると、それはたちまち洗脳に当てはまってしまう。

例えば、私の知り合いで、ホストクラブにはまっている女性がいる。彼女にはお気に入りのホストがいて、会うたびに何十万円もの高価な時計や貴金属を貢いでいるという。クラブに行くと、必ずドンペリのシャンパンを注文するし、つぎ込んだお金は一千万円を下らない。しかし、彼女はそのことを気にする様子はないし、むしろ嬉々として続けている。

これは彼女がホストに洗脳されたと見るべきだろう。彼女はホストに貢ぐことは、自分のためになっていると主張するかもしれない。しかし、それが洗脳なのだ。

ホストクラブで洗脳されやすいのは、アルコールで変性意識状態を引き起こされているのと、クラブ独特のハイテンションな雰囲気によって変性意識が強化されているからだ。その結果、ホストからの電話やメールがトリガーとなって、ホストクラブで引き起こされたハッピーな変性意識状態がアンカーとなる。最終的には、彼女がホストクラブに通い続けることによって、そのアンカーとトリガーがますます強化され、完全な洗脳が成立する。それ故、彼女は普通では考えられないプレゼントを贈ったり、クラブで大金を支払うことが楽しくなってしまうのである。

◉カルトの洗脳――オウム、貴乃花、X JAPAN Toshi

このように洗脳の境界には曖昧な点が多々ある。しかし、裏を返せば洗脳の脅威は、どこにでも潜んでいるといえよう。そして現在、その脅威が最も如実なのがカルトである。

カルトでは、ドラッグを使用した洗脳のケースが多い。特にＬＳＤなどの違法薬物は、深い変性意識を生成させ、被洗脳者に強烈なサイケデリックな体験を引き起こさせる。何も知らずに体験すれば、まずあっさりと洗脳されてしまうだろう。

日本史上最悪のカルトといわれているオウムでは、ＬＳＤや覚醒剤などの違法薬物を多用して、信者には幸福体験やバッドトリップを体験させたりしていた。主に、信者の弁当の中にＬＳＤなどの薬物を混入するといった手口である。また、聞くところによると、毒素のある菌などを信徒の弁当に混入して、人体にどのような悪影響を与えるかを確認する実験まで行っていたようだ。さらに、自衛隊員や警察官などを信者にリクルートするときは、ＬＳＤや覚醒剤が大量に混入された弁当を食べさせていたらしい。

こういったカルトのやり口は、卑劣極まりない。だが、彼らの洗脳は国家レベルの洗脳法に比べれば、往々にして不完全である。それ故、こちらがある程度身構えておけば、防げないこともない。例えば、薬物が混入されたコーヒーを飲んで「今あなたは私の力で神秘体験を起こしているはずです」といわれても、「これは洗脳者の力ではなく、薬物の影響だ」と認識していれば、洗脳者の暗示を無効化できるだろう。

ところで、近年では芸能人や各界の著名人を狙ったカルト、洗脳者が増えているが、彼らの手法もほとんどが稚拙である。

例えば、鍼灸師によって洗脳されたといわれる元横綱貴乃花関。[※60]彼の場合は、肉体に針を突くという物理的作用を利用した催眠的手法だ。多分、鍼灸師の針を受けないと身体が思うように動かないといったような暗示が施されていたのではないだろうか。要は、針そのものがトリガーで、針を刺されて元気になる状態がアンカーといった類である。そのため、貴乃花関は針がないとダメだと思い込んでしまう。

こういった事柄は、スポーツ界には多い。マッサージを受けることで走れるようになる、特定の人物が作った料理でスタミナが付く、といった具合である。ただ、貴乃花関にとって問題だったのは、彼に治療を施していた鍼灸師が、仕事の範囲を超えて彼の内部表現に介入したことである。彼の身体だけでなく、相撲界ひいては生活レベルにまで言及したことである。

貴乃花関は既に引退してしまったが、もし現役時の彼への洗脳を解くには、針を上回る肉体回復作用を享受させる方法があっただろう。マッサージや気功治療などを用いて心地よくさせ、針よりも効果があると教えてやればいいのである。ただ、私が受け持っていたら、強烈な変性意識を生成して内部表現を書き換えるだけで、簡単に脱洗脳できただろうが。

もう一つ、芸能人のケースを取り上げれば、一九九八年に音楽界を騒然とさせた元XJAPANのToshi[※61]への洗脳が記憶に新しいところだろう。彼の場合は、レムリア[※62]という教団が演奏する音楽に感動したのを機に入信したようだが、これは音楽がトリガーとなって、気持ちいい感覚をアンカーとされたと考えられる。音楽を聞かされたときに、薬物を盛られたか、催眠をかけられたのではないかと推測する人もいるが、そんなことをしなくても、音楽を効果的に利用すれば強烈な変性意識の生成と快楽体験の生成が可能である。そのときの快楽体験がアンカーとなっているのであろう。こういうケースでも、より強度な変性意識を生成し、内部表現の書き換えを行えば、脱洗脳は難しくない。ただ、レムリアはカルトかもしれないが、こういったテロリストでもない教団から、あえて脱洗脳して引き離さなければならない理由は特にないだろう。

◉カルトと宗教

カルトによる洗脳騒動は今後も多発するだろう。将来的には、日本だけでなく海外のカルトが進出してくる可能性もある。

ところで、社会の敵として一般に認知されているカルトに対して、宗教はどうなのだろう。宗教も無我の境地を開くためなどの理由で、洗脳的手法を用いることはこれまでにたびたび述べた。社会的には宗教の洗脳は洗脳とされず、安全と考えられているが、新興宗教の教祖だって人間だから、間違えることもあれば、頭がおかしくなることだってあるだろう。一つ間違えばオウムのようなテロ集団と化す可能性は否定できない。

ではいったい、宗教とカルトはどう違うのだろうか。

この疑問は、伝統宗教の僧侶にとっては至極簡単な質問だ。例えばキリスト教徒なら、カルトとは「本当の神を否定して誤った言葉で信徒を騙し、家庭を破壊する反社会的な疑似宗教」で、宗教は「正しい神の言葉を伝え、人々を信仰に導き、安らぎと生きる意味を与えるもの」と区別するかもしれない。また、日本の仏教徒なら、宗教とは、「我々、何々宗のようなもの」と簡潔に答えるかもしれない。あるいは、天台宗、真言宗、臨済宗、曹洞宗、浄土宗、浄土真宗、日蓮宗、時宗といった平安、鎌倉時代からあるような伝統宗派と、同様に古いユダヤ教、キリスト教、イスラム教のような世界宗教を指すかもしれない。少なくとも、どの宗派の僧侶も「うちは宗教であってカルトではない」と当たり前のようにいうだろう。

キリスト教徒の定義では、神そのものを否定する仏教は実際のところはカルトとなる。事実、仏教はそうみなされていた歴史があり、西洋でも「悪魔の宗教」と思われていた時期があるくらいだ。キリスト教文化圏への仏教の浸透も、微々たるものである。しかしこれでは、日本の宗派仏教は納得しないだろう。

ところで、日本の宗教は江戸時代の黄檗宗[※63]あたりを最後に、そのあとは「新宗教」として区別されることが多い。しかしながら、新宗教といわれる宗教団体も明らかに宗教であってカルトではない。伝統宗派と何ら変わらぬ宗教活動を行っている。ただ、こういった宗派の名前をすべて列挙するには、似たような名前が多すぎるため、素人にはカルトの名前と伝統宗派や新宗教派との差が分からない。

では、我々一般の者から見て、宗教とカルトの境界はどこにあるのだろうか。

フランスには「反セクト法[※64]」というカルトを認定するための法律がある。セクトとは、フランスではカルトという意味。反セクト法では、家庭を壊したり、子供の人権を奪ったり、金銭的な詐欺を行ったり、信徒とトラブルを起こす団体をカルトと認定している。フランスは国の役目として、各種宗教団体がカルトかどうかを独自に調査して認定している。換言すると「国がカルトと認定した情報を公開しているのに、勧誘を受けて入会するリスクを選ぶのは各個人の責任だ」という立場をとっているのだ。

日本やアメリカはそういう国ではない。アメリカは、建国時から信教の自由を重んじてきた国だ。宗教的弾圧を逃れて、アメリカ大陸にやってきた人たち（ピューリタン）が建国した国であるため、当然といえば当然かもしれない。日本でもアメリカの影響と政治的事情が絡んでおり、「反セクト法」の立法は難しいだろう。例え、「反セクト」的な法律が立法化されたとしても、破防法でさえオウムに適用されなかった国だ。特定の集団への適用には時間がかかって、結果的に被害者は絶えないだろう。巧妙な隠蔽工作が行われたら、問題が露見するまではカルトであると認定できない。

そのため、宗教とカルトの判別で手っ取り早いのは、「宗教とカルト」の差はないと思っておくことだ。所詮人間の営みである以上、「私の信じる教理」が宗教と定義されるのであって、「私の信じる宗教から見て、違和感があって嫌いな宗教」がカルトと見なされるだけだ。

◉宗教における「あの世の論理」

カルト信者たちは教団に数十万、数百万、ときには数千万円もの布施を施すという話をよく耳にする。中には命を投げ出すレベルのものまである。

しかし、それはカルトだけではない。伝統宗教でも、こういったことがないわけではない。そして後にトラブルとなった例も。もちろん、トラブルになるのはその宗派が何らかの問題を抱えているからに違いない。堅実に運営されている宗派ならば、どんなに布施をしても揉め事にまで発展することはないだろう。

いくらでも布施をするのは、別にカルト特有ではなく、宗教とはそういうものなのである。地位や財産といった「この世の価値」は、あの世では関係ないため、修行の防げになれば、宗教では捨てて当然の行為である。それ故、宗教が洗脳だと指摘されても否定できない。ただ、宗教者はあくまでも正しい法の道に洗脳して、導いているという立場だ。世俗の塵にまみれた脳を、洗い清めているわけだから、それは悪ではなく善であるという立場だ。

宗教が洗脳なのは、全財産お布施しても、本人はよかったと死ぬまで思い続けることだ。その死ぬまで解けない洗脳の強烈さが、宗教の一つの重要な社会的価値でもある。

誤解のないように補足しておくと、私はここで宗教の善悪を問うているわけではない。宗教は、「この世」の善悪とは関係のない「あの世」の論理で成り立っているので、善悪を問うこと自体が無意味である。あえて問うても、質問された回答者が信じる宗教が「善い」という答えが返ってくるに違いない。「宗教は洗脳である」という私を非難する宗教者は、「あの宗教はそうかもしれませんが、私の宗教は違います」とか「あなたは宗教を分かっていない」と怒るだけだろう。

私は別に特定の宗教を批判しているわけではない。宗教がいかに洗脳的技術を用いても、信者に「客観的に利益になっている」のならば、定義上洗脳ではない。しかし、宗教は「あの世の論理」で成り立っているので、客観的に信者の利益になっているかどうかは検証しようがない。つまり、死んではじめて、利益になっていたか否かが分かるのだ。これでは、信者に「客観的に利益になっている」とは、とてもいえない。

それ故、宗教はカルトと同義だとされても否定し切れないだろうし、宗教間でもキリスト教徒にはイスラム教が、イスラム教徒にはユダヤ教が、ユダヤ教徒には仏教が、それぞれ洗脳に見えているだろう。

◉あるプロテスタント牧師について

この問題に関しては、イラク戦争中にCNNで放送されていた宗教者の討論会が大変興味深かった。そこではユダヤ教ラビ、カトリック神父、プロテスタント牧師、イスラム教学者、ニューエイジ系新宗教者といった各宗教者が招かれ、イラク戦争における宗教観の齟齬を論議していた。

その中で一番「洗脳されている」と感じたのが、実はプロテスタント牧師であった。一般には、一番リベラルな感のある宗派にかかわらず、である。少なくとも、この番組の出演者の中では、他の宗教者たちは一様に他宗教への理解を見せていたが、彼だけは「新約聖書のイエスの言葉がすべてである」という趣旨の主張のもと、他の意見を頑なに受け入れなかったのである。番組の演出のため、CNNが特に保守的で原理主義的な牧師を起用したのではないかと思ったほどだ。

そのプロテスタント牧師は、イスラム教学者が「イエスは、イスラム教の経典にも記述されている」と指摘しても、「新約聖書のイエスだけがイエスである」と突っぱねていた。彼は新約聖書は、ギリシア語で書かれたものであり、他の言語で書かれたものはイエスの言葉ではないといって譲らない。「イエスはアラム語を話していたのでは？」とイスラム教学者が問うても、「ギリシア語で書かれた新約聖書の言葉だけがイエスの言葉である」の一点張り。業を煮やしたイスラム教学者が「しかし、イエスはイスラム教でも聖人ですよ」と反駁すると、プロテスタント牧師は激高して「そのような記述は、私の聖書にはない」と怒号を上げたのである。彼の一貫した姿勢を見て私は、以前「パーリ語で書かれた仏典の言葉以外は釈迦の言葉ではない」と主張したカルトを思い出した。

歴史的にイエスは、ヘブライ語かアラム語のどちらかを話していたと推測される。ヘブライ語とアラム語は姉妹語で、そこからイエスが活動した地域と文化的背景を考えると、イエスはヘブライ語とアラム語のバイリンガルだった可能性が高い。あるいはギリシア語も話していたかもしれない。ただし、イエスの説教は、当時の日常語であったアラム語で行われていたというのが定説である。確かに、後の使徒たちが布教した地域が、コイネーといわれるギリシア語一方言の地域が中心だったため、コイネー・ギリシア語版の新約聖書が広まったことは事実である。それでも当然、アラム語やヘブライ語の新約聖書もあったはずなのである。

要するに、この牧師にとって、歴史上のイエスの行動はどうでもいいのだ。彼の所属する教会が聖典として認定したギリシア語の新約聖書の言葉だけが（実際には彼はギリシア語が読めないようで、英語に訳されたキングジェームズ版新約聖書の言葉となる）、イエスの言葉であり、神の言葉なのである。現代に伝わるギリシア語版新約聖書は、イエスの死後、キリスト教会によって何世紀にもわたって吟味され、編纂された書物の一つだ。神ではなく、人間が編纂し、書き直してきたものである（彼は一字一句、神が直接ギリシア語で記述したと主張するかもしれないが）。もしかしたら、教会に都合の悪い箇所は削られているかもしれない。原始キリスト教には輪廻転生の概念があったと聞くが、もしもそれが本当だとしても、ローマ教会成立の早い時期に真っ先に削除されているだろう（一番弟子のペテロを継ぐのがローマ法王だから、イエス本人の生まれ変わりが出てきたら、それは教会の権威にとっては絶対にまずいと考えるのは当然だろう）。それでも彼にとっては、現在英語で読んでいる聖書の言葉だけが神の言葉なのである。

このプロテスタント牧師には申し訳ないが、番組を見ていて私は、彼が洗脳されていることを認めざるを得なかった。物心ついたときから所属する原理主義的な教会の信者であったのか、いわゆるborn again[※65]クリスチャンとして自ら所属する教会を選んだのかは分からないが、彼の発言の排他性は人為的な、特にカルト的な洗脳を感じさせた。このような原理主義的な発想が、宗教である以上、すべての宗教から切り離せない部分である。

ところで、当の現場であるイラクの戦場に目を向けたときにも、私はちょっとした違和感を覚えた。同じくＣＮＮで放送されていたのだが、最前線にいるアメリカの海兵隊の兵士たちが集まって、サービス（礼拝）をして神に祈っている光景である。彼らはＣＮＮのインタビューを受けると口を揃えて「神を信じているので怖くない」といった趣旨の発言を繰り返していた。日本ではその反応はわからないが、全米ではこういったグループ礼拝や「神を信じている」発言に対しては何の違和感も持たれていない。このとき私は、今回の戦争がキリスト教（特にプロテスタント）対イスラム教といった図式を、多発するイラク人の自爆テロと合わせて、改めて感じずにはいられなかった。

◉KillとMurderの違い

CNNの番組では、視聴者からパネリストのユダヤ教ラビ、カトリック神父、プロテスタント牧師、イスラム教学者、ニューエイジ系新宗教者の各出演者への質問コーナーがあった。視聴者からは「我々はクリスチャンであるのに、戦争で人を殺している。これは許されるのか？」といった趣旨の質問が寄せられていた。平均的なアメリカ人が抱く質問である。

仮に、その場に仏教の僧侶が居合わせていたら「例え戦争であっても、人殺しは絶対に許されない」と答えたかもしれない。しかし、その質問に反応したユダヤ教のラビは違った。彼は「答えは簡単だ。KillとMurderは違うからだ」と答えたのである。

KillとMurder。この二つの単語は、被害者が人間であればともに殺人と訳す。正確には、Murderが犯罪性を示唆する単語に対して、Killは中間的な意味合いをとる。ラビの発言を解釈すると「神が許す殺人はKillであって、神が許さない殺人はMurderである」というわけだ。

旧約聖書『ヨシュア記』には、有名なジェリコの戦いが記述されている。神に約束されたカナンの地ジェリコの街を異教徒から取り戻すために、ヨシュアに率いられたイスラエル軍が「契約の箱」を担いで城壁を取り囲み、女子どもを含めた数万人の市民を殺戮する話である。不義、不潔の街は容赦なく滅ぼすという神話だ。これは神との契約のもとに実行されたのだから、Murderではないというのが旧約聖書の論理だ。

この論理を踏まえてラビは、イラク戦争はKillであって決してMurderではないと主張したのである。彼は言外に、イラク戦争は神が認めた戦争であり、バグダッドはジェリコであるとほのめかしている。

国際法上の習わしでは、戦争で兵士を殺すことは罪には問われないことになっているが、ラビの発言は、民間人を殺戮しても神に認められた戦争ならばMurderではないという論理に聞こえる。これはとても恐ろしい考えではないだろうか。

私は別にユダヤ教を特別に取り上げて批判しているわけではない。ここで問題なのは、ラビの意見に対して他の出演者から一言も反論の声が挙がらなかったことだ。カトリック神父、プロテスタント牧師、イスラム教学者の誰からもである。むしろ、皆当たり前といった表情で聞き流していた。これはキリスト教側とイスラム教側、立場は違っても双方にとって、イラク戦争は聖戦だということだ。ただ、ニューエイジ系新宗教者までもが、何も意見しなかったのには気になったが……。

私は同じ旧約聖書を持つ三宗教の神との契約の基本的立場を理解しているが、あそこまで堂々と全世界ネットの番組で発言されるとさすがに考えさせられてしまった。

キリスト教、イスラム教、ユダヤ教の名誉のために引用しておくが、ローマ法王庁ではブッシュ米大統領とイラクのフセイン大統領が、演説で神の名を引き合いに出して戦争を正当化していることを強く批判している。二〇〇三年三月、ローマ法王庁のラッィンガー枢機卿が、彼らの演説に対して「まさに悲しむべきこと」と遺憾の意を露わにしていた。同時に世界中のプロテスタント牧師、ユダヤ教ラビ、イスラム教学者たちもイラク戦争に対する批判の声明を発表している。ただ、CNNに出演していた各宗教代表者たちが、あのような発言をしていたことも事実なのである。

こういった考えは何も戦争に限ったことではない。例えば、アメリカ南部の保守的な州では、現在でも中絶を行った産婦人科医が襲撃され、殺されるという事件がある。これは中絶医が胎児を殺すことはMurderであって許されないが、その中絶医を殺害することはKillであって神に許されるという論理なのだろう。

私にはこういった論理は、洗脳された人間の論理であるとしか思えないのである。

◉宗教の倫理

以上の議論などを考慮すれば、宗教は洗脳であるという結論へと導かれてしまう。

この考えは「カルト＝宗教」という図式を成立させる。しかし、一般的に見ればそんなことは許されないし、宗教とカルトは一応、区別されている。私は先程、宗教とカルトの差はないと述べたが、しいて挙げると一つだけある。

それは国に守られているのが宗教で、疎外されているのがカルトだということだ。これは宗教が、本来の「あの世の論理」を曲げて「この世の論理」に迎合し、その頂点である国家に賛同、場合によっては媚びへつらってきた結果からきたものである。

寺を村役場とした江戸時代の寺請制度や、奈良興福寺の五重塔が五円で売りに出されたという明治の廃仏毀釈の時代を辛うじて生き抜いてきた日本の宗派仏教や、西洋における現在のキリスト教などを見ても、宗教が宗教らしさを失ってしまっている。本来、宗教とは、「あの世の論理」で存在し、活動するものだ。「この世の論理」に迎合することは堕落でしかない。宗教が堕落しているからこそ、国家や社会に受け入れられ、カルトと区別されるだけにすぎない。

キリスト教は今でこそ西洋各国の事実上の国教だが、イエス・キリストの興した新しい宗教ムーブメントは、当時のユダヤ社会では受け入れられず、権力者であるローマからも排除された。

日本仏教の母山、比叡山延暦寺を開いた日本天台宗開祖の最澄が念願した大乗戒壇が認められたのは、彼の死後だ。法然や親鸞も島流しに遭い、還俗させられている。出家によるフルタイム修行者しか悟れないとする小乗仏教に対して、万民の救済の実現を目指す大乗仏教を日本に打ち立てんと人生を賭して、世界で最初に大乗戒壇を実現した平安時代立宗の最澄の天台宗が、平安末期、鎌倉時代には貴族化し、ついには庶民救済のために山を下りた法然や親鸞を弾圧し、島流しにする権力者側になったのは、権力者との交わりにより、「この世の論理」に天台宗の「あの世の論理」が呑み込まれてしまった結果である。同じように比叡山を下りた日蓮も処刑宣告され、流罪になっている。

いってみれば、各時代の日本仏教の宗祖たちは、今でいうカルトだったわけである。宗教とは本来、国家権力とは相容れないものだ。宗教は「あの世の論理」を尊重し、国家権力は「この世の論理」を独占するからだ。現在の我々からは、どう見ても法然、親鸞、日蓮が何か悪事を働いたとは思えない。あらゆる現代的な尺度で、彼らの方が正しいと思う人ばかりだろう。しかし当時の権力者の論理、すなわち「この世の論理」では、彼らは島流し、もしくは死刑に値する犯罪者だったということになる。自己保身や権力、富の集中の煩悩を追求する権力者にとって、彼らが邪魔だから排除されたのだ。

ジェリコの戦いで「契約の箱」を担いで攻めたイスラエル軍同様、平安末期から鎌倉時代にかけての南都北嶺の大寺院の僧徒、僧兵たちは、神木や神輿を担いで京の街になだれ込んでは、京の民の「あの世」を人質にとってこの世の権力を振るった。彼らは怨霊や地獄を流布しては農民を脅かし、従わなければ地獄に堕ちるぞと寺院の荘園で徹底的に使役し、さらには仏の名による制裁、処刑までも行ったという。寺院が権力を握った時代の中で「南無阿弥陀仏」を唱えれば、年貢を納めなくても、寺に寄進しなくても、地獄に堕ちず、阿弥陀浄土に生まれ変われ、そこで成仏できると教えた法然や親鸞が排除され、同様に絶対確実の真理を説く最高のお経である法華経の題目を「南無妙法蓮華経」と唱えれば、禅も真言も念仏もいらず必ず救われるという日蓮が排除されたのは、権力者側の宗教による民衆への脅かしが利かなくなるため、当然といえば当然である。

それでも、宗教者である当の親鸞や日蓮にとっては、権力者に犯罪者扱いされることなど、本当はどうでもよかったことだろう。彼らは「あの世の論理」で生きていたので、「この世の論理」で何をいわれようと関係ないのだ。誤解のないように付け加えておくと、私は宗教団体は反国家的活動をするべきとか、反社会活動が正しい道だと説いているわけではない。

「善い」「悪い」という判断自体が「この世の論理」であり、宗教は「この世の論理」とは一切関係のない「あの世の論理」で存在しているが故、様々な局面で国家や社会に受け入れられがたいものだと述べているだけだ。そして、国家や権力側が多くの場合、宗教を利用し、それが持ちつ持たれつの関係となって、伝統宗教や国家宗教を作り上げていくのだから、本来の純粋な「あの世の論理」の宗教は、反国家的、カルト的に見えることは歴史の常であるといいたいのだ。

だからこそ、宗教とカルトの差は本質的にはなく、特定の伝統宗教が社会に受け入れられ、カルトといわれないのは、単に、伝統宗教側が長い歴史の中で本来の宗教らしさを失い、国家に歩み寄ってきた結果にすぎないのだ。もちろん「この世の論理」を犯せば、「この世の法」で罰せられるのは当然だ。そしてこの世の法は、時代と場所によって変わるのはいうまでもない。

また、オウムのような団体が犯罪を起こすと、こういった宗教者のラディカル性と誤って同一視される傾向が一部にある。これは大きな誤りであると断っておく。このような団体は「この世の論理」ばかりか、「あの世の論理」も大きく逸脱している。オウムは宗教でもなければ、カルトでもない。カルトの振りをした、ただのテロ集団にすぎない。

◉危険な洗脳

皆さんは、ミーンズ・エンド（mean and end）という言葉をご存じだろうか。

洗脳では、このミーンズ（手法）とエンド（結果）のエンドが問題であって、被験者の望むところと違うエンドがもたらされた時点で洗脳になる。宗教の場合は、死ぬまでエンドが望み通りか分からないため、洗脳にカテゴライズされる。ただ、同じ洗脳といっても脱洗脳しなければならない危険洗脳や全く問題のない洗脳など、その形態は様々だ。

例えば、若者が自らの意志で出家して天台宗や真言宗に入り、比叡山や高野山の奥地に何年間も籠もって、睡眠時間もほとんどないとしよう。朝から晩まで立ったり座ったり、お経を読んだり、顔に火傷を負いながら護摩を焚いたり、オウムに比べて遥かに過酷で、洗脳的だったとする。しかし、それは危険とみなすべき洗脳ではない。なぜなら、この若者は比叡山や高野山での修行が厳しいと分かっていたはずだからだ。

仮に、その教義が密教故に奥義が明かされていなくても、その本質は十分社会に受け入れられて五百年、千年単位の時が流れている。伝統宗派は教義や修行の体系を隠していないし、事実と反する結果も宣伝しない。伝統宗教が安全なのは、事実に反する内容を何百年と隠し通せないところだ。天台法華宗が公認されたのが八〇六年だから、仮に嘘があったとしても千二百年間も隠せるわけがない。これは二千年の歴史を持つキリスト教もそうだ。

では、もし彼が本当は出家したくなかったとしたらどうだろう。寺の一人息子で、仕方なくというケースだったとしたら。実家の寺院を継いだら高級外車を買ってあげるといわれて、サラリーマンと天秤にかけて出家したとしたらどうだろうか。

この場合は、とても「自らの意志」といえそうにない。さらに、両親は「うまく比叡山で洗脳されて帰ってきてくれ」と願っているかもしれない。

しかし、私から見れば、こういったケースでも脱洗脳が必要だとは思わない。脱洗脳が必要とみなすのは、ミーンズとエンドがどう客観的に見ても、大きくかけ離れているケースだけだ。本人がつらい修行と高級外車を天秤にかけ、本音は出家したくなかったとしても、はやりこれは本人の選択といえよう。

純粋にチベット仏教を学びたいと思って出家したにもかかわらず、いつの間にか殺人犯になってしまうというようなものが、危険な洗脳なのである。

それでも、ミーンズ・エンドの判断は難しい。なぜなら、洗脳された後では、本人にとっては当初の目的とは違う結果だったとしても、正しい結果だと認識してしまうからである。

◉洗脳を究めることが宗教を究める

ここで、ちょっと逆説めいた主張をしてみる。本書の中心的ドグマといってもいい。それは「洗脳を究めることが、信仰を究め、宗教を究める」ということだ。

有名な経典の一つとして、涅槃経というのがある。パーリ語で書かれているので、born again仏教徒も認めるお経だ。日本の各宗派の開祖たち、特に親鸞や日蓮、道元が多く引用しているお経である。お釈迦様の遺言として、永遠かつ不変な、死を超越した仏の世界の喜びを説く、まさにアプリオリな極楽観であり、極楽とは絶対的な存在だと説くお経である。

一度は、縁起により宇宙に永遠不滅なものはないと菩提樹のもとで悟ったお釈迦様が、死の淵で自ら否定する教えを説いているところが、大乗仏教的な後世の創作と感じざるを得ないものであるが、これを仏教でないといえば、日本のほぼすべての伝統宗派が仏教ではないことになってしまう。仏教が大乗仏教となり、中国で大きく変容して日本に伝わり、特に親鸞以降、日本独特のお坊さんが日本独特の解釈で伝える「仏教」が成立したというしかないだろう。もちろん、涅槃経の世界が特に鎌倉以降の日本人の信仰心をよく表していることは間違いない。

その涅槃経の中に、「自灯明自帰依、法灯明法帰依」という言葉がある。山崎龍明武蔵野女子大学教授の著書『仏教の再生』※66の訳によると、「自らを灯火とし、自らを拠り所とせよ。法＝真理を灯火とし、法を拠り所とせよ」となっている。同書には「どこまで行っても人生の拠り所は『私』なのです。決定的に、この私にあるのです。しかし、その拠り所となるべき『私』は、ただの、『私』ではありません。日常性の中に頭までどっぷり浸かり、世俗の価値観を唯一の尺度として人生を生きている、このただの『私』ではありません。『法＝真理によって制御されたところの私自身』であることを忘れてはいけません」との解説が付随している。

これはまさに信仰を表す言葉だろう。究極まで突き詰めても自分の拠り所は、何らかの現実世界を超越した法則に制御された自分自身であるということだ。この法則が、内部表現が情報空間まで広がることで、現実世界を超越した法として働いているホメオスタシスの因果だ。ただ、問題はこの法をどこで、どうやって、誰に学ぶかである。誰からその悟り方を教わるかが問題なのである。この法を誰かに教われば（布教されれば）、それは洗脳されたことになる。悟り方を誰かに教わるのも同様だ。法を拠り所とするのに、その法を他人に布教されたのでは、それでは前提の「自らを拠り所とせよ」が成り立たない。

本書のドグマは洗脳を究めることだ。自分の洗脳技術が布教者の洗脳技術を上回っていれば、それは洗脳されたのではなく、相手から「自らを拠り所」として知識を得ていることになる。そして、その知識のもととなる「布教の産物」が、自然なのか仏典なのか聖書なのかは分からないが、何であってもそこから得られる法＝真理が「自らを灯火とし、自らを拠り所として」手にいれた知識であるならば、その結果は洗脳ではない。

当然、仏典や聖書などの「布教の産物」を突き詰めれば、お釈迦様やイエス本人の言葉や行為にまで遡るわけだから、最終的にはお釈迦様やイエスよりも洗脳技術が勝っていなければ、少なくとも対等でなければ、洗脳されていないとはいい切れない。そのため、洗脳技術を究極まで磨き上げ続けることが、一つの宗教行為だといえないだろうか。宗教とは洗脳であり、洗脳とは宗教なのだ。同時に宗教とは脱洗脳であり、脱洗脳とは宗教なのだ。「悟りとは、究極まで洗脳を究めること」といっても過言ではない。

これは、私が洗脳技術を皆さんに開示する積極的な根拠でもある。「法灯明法帰依」の「法」も「自灯明自帰依」で、自らが選択するということだ。その意味では、涅槃経のアプリオリな極楽観も、自ら選択してそれをプリンシプルとするならどうぞということだ。これを自らが、内部表現上の他人に書き換えられない巨大な情報空間とするなら、それも一つの悟りであろう。そしてそれは涅槃経の世界を自ら超越することであり、お釈迦様の菩提樹のもとでの十二支縁起の悟りに回帰することでもあろう。

実際、お釈迦様はこの自らを拠り所とし、法を拠り所とする「自ら」や「法」さえも永続的なものではなく、縁起による存在でその実態は空であるといっているのだ。菩提樹のもとで、当時のバラモン教やインドの社会習慣による洗脳を自ら解放して、そのような境地に立ったのだろう。

我々の心は、幼児期の両親の行動パターン、学校で学んだ思考パターン、社会で身に付けた認知行動パターンなどの人質になっている。我々の無意識の選択は、自由意思ではなく、過去に学んだ思考パターンに知らず知らずのうちに制御されているのである。我々はなかなか我々自身の欲望（煩悩）が、我々の思考や行動を誘導することから逃れられない。

この我々が、記憶レベル、思考パターンレベル、欲求レベルといった無意識レベルの認知と行動の束縛から解放されるならば、生死の業や行いがなくなったことになろう。これこそ悟りであるといえるのではないだろうか。アンカーとトリガーの関係でいえば、これらの埋め込まれた記憶、欲求、思考パターンなどがアンカーであり、これらに合致する日々の認識作用がトリガーであろう。これらを取り除く自己脱洗脳が、まさに「悟り」をもたらすともいえるのだ。

天台小止観に以下のような文句がある。

心起想即癡　無想即泥

「心に想を起こせばそれが癡となる。想のないのが即ち泥――悟りである（関口真大氏訳）」

洗脳護身術風に訳せば、「心にアンカー（想）がトリガー（起）されれば、即ち、愚かな（癡）ことであり、アンカー（想）がないのが、即ち、悟り（泥）である」といったところだろうか。あらゆる心の中にあるアンカーの自己脱洗脳に成功すれば、それが悟りとなるわけである。

「自らを灯火とする」ことを徹底的に行い、誰からもアプリオリな命題を一方的に洗脳されていない、いってみれば他から与えられたあらゆる命題（法）を客観的に見て、選択することができる状態、幼児期から現在までに自分の心に埋め込まれた全てのアンカーを取り去った、徹底的な自己脱洗脳状態、これが悟りなのである。

第6章

洗脳されないために

二十世紀の日本は、社会の歪みに付け込んだ洗脳の脅威が萌芽した時代だった。そして二十一世紀は、その脅威がいよいよ本格的に、否、ごく普通の現象として日本を襲うと考えられる。テロ化したカルトがこれまで以上に増え、悪意に満ちた洗脳商法が横行する可能性は非常に高い。我々は目前まで迫ってきているその脅威に対して、万全の態勢で挑んでおく必要があるだろう。

本書はここまで、洗脳されないために洗脳術を解説してきた。しかし、洗脳された他人の救出法、いわゆる脱洗脳術は開示していない。理由は簡単だ。他人を脱洗脳するには、相当な技術を要するうえ、下手に手を出すと相手の命を危険に晒すおそれがあるからだ。従って、他者の脱洗脳についてはこれから簡単に概括するが、あくまで参考だ。もしも脱洗脳家を目指したい人がいるならば、個別に私の訓練を受けてほしい。

また、本章では最後のステップとして、洗脳護身術の究極の使用法も紹介しておく。実行すれば、カルトだけでなく、何者からの洗脳の脅威を完全に払拭できるので、ぜひとも参考にしていただきたい。

◉脱洗脳法の難しさ

脱洗脳とは文字通り、洗脳者に施された呪縛から解放する術である。

脱洗脳の方法は基本的に内部表現の書き戻し、特に洗脳者によって書き込まれた、もしくは書き換えられたアンカーとトリガーを解消してやればいい。アンカーに被害者の過去の体験が利用されていた場合は、アンカーの消去及び変更は望ましくないので、別のトリガーに繋ぎ替えてやる作業となる。「脱洗脳は逆洗脳だ」と指摘する人もいるが、技術論だけを取り上げれば、あながち間違いではないだろう。ただし洗脳の定義上、脱洗脳はモチベーションの違いから洗脳に当てはまらないのが、一般的な解釈である。

では、なぜ脱洗脳は危険なのだろうか？

その答えは被洗脳者の精神状態にある。脱洗脳が必要と思われる危険な洗脳については、前に話した。例えば、危険なカルトの洗脳は、被害者の意志はもちろん、精神状態を一切無視して行われる。大勢の人を徹底的に洗脳して、その中で精神崩壊を免れて見事に術に陥ったものだけを信徒に迎えるという考え方だ。そのため、こういったカルトの場合、ほとんどの人間が通常の精神状態にない。

脱洗脳側は、そういったギリギリの精神状態の被洗脳者を相手にする。そして当然だが、被洗脳者の洗脳を無事に解いてやらなくてはならない。間違っても、精神を崩壊させてはならない。確実に、そして安全に。これは非常に慎重さを要する作業となる。

また、脱洗脳は通常、被害者の家族から依頼を受けて行うケースが多い。そこで被害者にあらかじめ洗脳を解く旨を告げ、承諾を得ようと努力する。しかし、被洗脳者は自分が洗脳されているとは夢にも思っていない。そのため、脱洗脳者に対して強い警戒心を抱いてしまう。中には、脱洗脳者を敵視するようなアンカーが埋め込まれているため、こちらの要求を完全否定し、最後まで抵抗してくる者もいる。こうなるとやっかいだ。というのも、相手の警戒心が強いと、通常の方法ではラポールの形成が困難となり、脱洗脳の開始すらままならないからだ。

まともにラポールも形成できない状態で脱洗脳を行うには、洗脳者よりも強烈な変性意識を生成してやる必要がある。私は以前、オウム信者の脱洗脳に携わったことがあるが、そのとき受け持った信者は断固として私の介入を拒否してきた。そこで私は強烈な変性意識を用いて、信者を抑え込むという処置をとった。具体的には、教祖を虫に変えて指で押し潰すというイメージを、信者に見せたのである。虫になった教祖を私が指先で潰すのは、教祖よりも私の力が強いことを示す。実際問題として、精神の基礎体力が勝っているからできた芸当だ。信者は、私が生み出した強い変性意識下にいたので、その光景が現実として映っていたはずだ。そして私を超能力者だと思い、教祖よりも力量が上だと感じ取って大きなショックを受けていた。

結局、この作戦は見事に功を奏し、信者の中に脱洗脳に必要なラポールを形成できた。当時、オウム内では私のことが知られており、信者たちには私を地獄の大魔王のように教え込んでいたらしい。当の信者も、私を見て怯えきっていた。そこへ先のイメージを見せたものだから、その恐怖心はますます膨れ上がっただろう。通常、ラポールは信頼感や親近感より生成するのだが、実は恐怖心からでも生成が可能だ。しかも、負の要素から生み出された「ネガティブラポール」は、絶対的権力をもって被験者の内部表現にアクセスできる。つまり私は信者から強烈な恐怖心を引き出すことで、ラポールを形成して脱洗脳に取り掛かったのである。

私の経験則では、脱洗脳者の力はすべてにおいて洗脳者よりも勝っていなければならない。さもなければ危険である。変性意識の強度、マインドエンジニアリングの技術、アンカーとトリガーの接続及び切り離し……とすべてである。一つでも洗脳者より劣れば、被洗脳者を危険な目に遭わせる可能性がある。例えば、脱洗脳を施したある信者には「死のアンカー」というものが埋め込まれていた。これは関連付けられた三つのアンカーのうち、二つが除去された瞬間に最後のアンカーが発動して、信者に自殺を促すものである。[※67]私のときは細心の注意を払っていたので、何とかこのアンカーを無効化することができたが、もし経験が浅ければ見抜けなかったか、見抜いてもアンカーの発火による自殺を、止めることはできなかっただろう。

◉脱洗脳の危険性

脱洗脳で最大の山場となるのは、アンカーの除去である。先にも述べたが、アンカーとトリガーの危険性を見抜けなかったら大変なことになる。

アンカーを除去する一般的な方法は、洗脳者が植え付けたアンカーとトリガーの関係を変えてやることだろう。例えば、「コーヒーカップを見ると気持ち悪くなる」と洗脳された人を脱洗脳する場合、被洗脳者にはコーヒーカップをトリガーとして、気持ち悪くなるというアンカーが埋め込まれている。そこで「コーヒーカップを見ると、コーヒーの味を思い出す」ぐらいにアンカーをすげ替えてやればいい。

ただ、実際にはそううまくはいかない。というのも、埋め込まれたアンカーが一度でも発動してしまうと、そのこと自体が体験として記憶に残る。従って、もしアンカーが何度も発火していたら、被洗脳者にとってその体験は、もはや洗脳の抽象的な「命題」もしくは、「命令」ではなく、実際の「経験」となって他の関係のない記憶や体験と結び付いてしまう。こうなると脱洗脳者側は、複雑に絡み合った紐をほぐしていくように、被洗脳者の記憶を解いてやらなくてはならない。これは相当に骨の折れる作業となる。

こういった条件を挙げていくと、脱洗脳が洗脳に比べていかに困難で、危険が伴っているかがおわかりだろう。それ故、相当な経験と技術がない限り、脱洗脳は行うべきではない。否、行えないのである。

そして脱洗脳の難しさは、洗脳護身術を本格的に学ぼうと考えている皆さんにとっても、重要な意味を持ってくる。というのも、軽い気持ちで誰かを洗脳した場合、後で取り返しがつかない危険があるということだ。

例えば、あなたが意中の異性を自分のものにするために、「自分を見たら気持ちよくなる」「自分が近くにいないと不安になる」といったアンカーとトリガーを埋め込もうと考える。だが、ここでよく考えていただきたい。彼にアンカーとトリガーの埋め込みに成功して、首尾よく彼氏、彼女の心を射止めても途中であなたの方が心変わりしたらどうなるのか？彼氏、彼女はもう何度もあなたを見てアンカーを発動しているために、脳内では海馬を通して「あなたの側＝気持ちいい」体験が長期記憶に格納されてしまっている。ここでもし、強引にアンカーをすげ替えようとしたら、他の記憶や感情にまで影響し、最悪の場合、精神異常を引き起こしてしまう可能性だってある。相当な技術がない限り脱洗脳は行えず、一生彼氏、彼女の面倒を見なければならないのである。

従って、洗脳するには相当な覚悟が必要であり、安易な動機で洗脳すべきではない。彼氏、彼女を洗脳するなら、結婚する覚悟で行ってほしい。

◉恐怖に打ち克つ

さて、脱洗脳がそう簡単にできない以上、カルトから身を守るには、洗脳されないようにするしかない。そのためには洗脳護身術を最大限に利用して、自分自身を洗脳してやればいい（厳密な定義上、これを洗脳といわないことは皆さんはもうご存知だろうが、ここではあえて洗脳という表現を取る）。要は、誰からも洗脳されないように、先に自分で洗脳しておくのである。自己洗脳そのものは、別に危険ではない。それどころか、自分自身を理想の人間にできる素晴らしい技術だともいえる。

自己洗脳を行うには、二つの感情を制御できなければならない。一つ目は恐怖心。カルトや悪徳商法といった他人に洗脳されるのは、ほとんどの場合、相手の発する恐怖に負けてしまうことが原因だ。暴力、恫喝、風貌、雰囲気、おぞましい光景のビデオ……。相手の作り出す恐怖に負けた心に付け込まれ、利用されるわけだ。それ故、洗脳されないためには、恐怖に克つことが大切である。

恐怖心は、誰の心の中にも存在する。特に日本人は、幼少の頃から「幽霊が怖い」「地獄が怖い」といったアンカーを知らない間に植え付けられている。これは仏教の各宗派が布教に利用したアンカーの名残である。もともと仏教伝来前の古来の日本人が、死者の霊の祟りを怖れていた文化的名残でもある。こういったいつの間にか刷り込まれた恐怖心を含めて、洗脳護身術で自らを解放していただきたい。

「幽霊が怖い」というアンカーを除去するには、どういった状況、思考、言葉、イメージがトリガーとなって恐怖心が生み出されているのかを探索する必要がある。そして見つかったアンカーとトリガーの関係を切り離してやればいい。本来は、恐怖を引き出してきたトリガーに平常心を受け付けるのが一番だが、より簡単な方法として、恐怖を引き出してきたトリガーに楽しい記憶を結び付け、それを繰り返せばいいだろう。

うまくアンカーとトリガーの関係を繋ぎ合わせたら、実際に成功したかを確かめるために、心霊スポットなどを訪れてみるといい。そこで、恐怖心がわきおこらなかったら大丈夫だ。ちなみに私は、もともと霊に対する恐怖はなかった方だが、仮に少しでもあると他人にコントロールされかねないと思い、二十年近く前に、自己のアンカーを徹底的に除去したことがある。当時はまだ、洗脳そのものが研究テーマになる前だった。そしてアメリカで、霊が出ると有名なサナトリアム跡などの心霊スポット巡りをして、本当に恐ろしい思いにとらわれるのか試している。

それ以外にも、恐怖心が根付きそうなものには、徹底的にアンカーの結び替えをしていた。危険なことは冷静な判断で対処すればいいが、情動的なレベルの恐怖心は人間の判断を誤らせ、他人に精神を操作される落とし穴となる。そのため、私は恐怖に対して真っ向から対峙したのである。

恐怖は、人間の心の闇に潜む魔物だ。ひょんなきっかけで突然、心に巣くってしまう。それ故、我々は何が起ころうとも怖じない、克己を作り上げなければならない。皆さんも、自分の心に何が怖いのか問いかけてみるといい。幽霊は怖くなくても、死後の世界は怖い。霊的に怯えることはなくとも、ヤクザは怖い……。そうやって、自分の怖いものを一つ一つ取り出して、アンカーの結び替えをしていくのである。

死後の世界が怖ければ、アンカーを気持ちよかった体験にすげ替えてやればいい。ある意味、浄土教の教えなどは、これではなかろうか？　また、ヤクザに会うと意味もなく怯えてしまうのならば、アンカーを冷静に対応できる記憶と結びつけてやればいい。そうすると、死後の世界は楽しみになるし、ヤクザに会っても堂々と対処できるようになるだろう。

◉快楽を克服する

洗脳護身術で克服していただきたいもう一つは、快楽である。快楽は恐怖同様、アンカーとして利用される格好の体験だ。カルトでは恐怖と快楽をセットで利用するのが、常套手段である。

誤解しないでほしいのは、快楽を克服せよといっても、修行僧のように寺に籠もって禁欲生活を送るわけではない。快楽そのものには何の危険もない。問題は、快楽体験の記憶を他人にアンカーとされることである。人間はいったん快楽に溺れてしまうと、そこから抜け出すのは難しい。それ故、洗脳者に自分の快楽を握られてしまうと、身動きがとれなくなってしまうのだ。

快楽をアンカーとされるのを防ぐには、自らの記憶から特に気持ちよかった体験を思い出して、それを強めたり、弱めたりする。できれば退行催眠的に、過去の気持ちよかった体験を再体験しながら一割増し、二割増し、あるいは一割引き、二割引きと、少しずつ強めたり弱めていけばいいだろう。自身で何らかのキーワードをトリガーとして、快楽体験に結び付けたり、切り離してみるのも有効だ。

記憶から自在に快楽を出し入れできるようになれば、他人から知らないうちにアンカー

自己への脱洗脳法

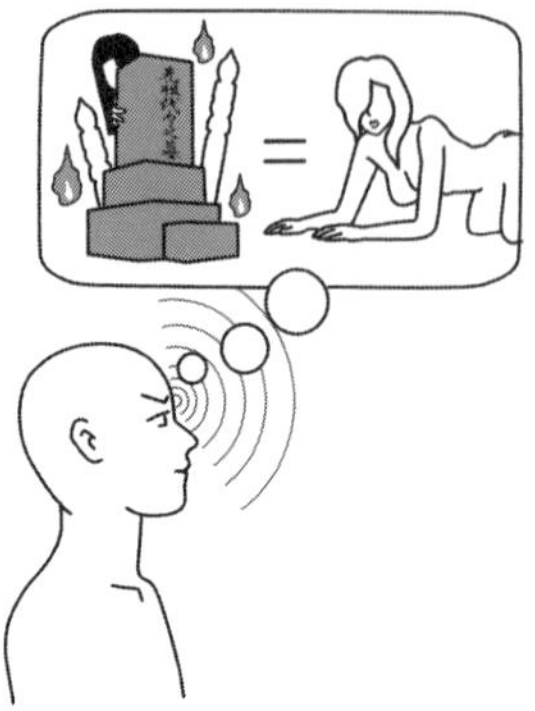

恐怖を克服する
変性意識状態のもと、自身が怖いと思っている事象に楽しかった体験をアンカーとして植え付ける。

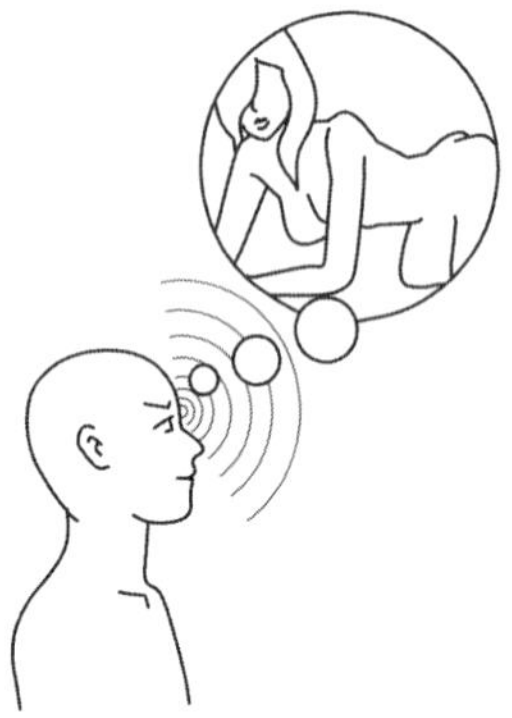

快楽を克服する
自身を退行催眠状態にして、過去に気持ちよかった体験を再現させて、それを強めたり弱めたりすることでコントロールできるように訓練する。

とされても、自分でコントロールできるようになるだろう。少なくとも、それが相手が超能力で引き起こした神秘体験などと騙されることはなくなるはずだ。

恐怖と快楽。この二つを確実に自己コントロールできるようになれば、そう簡単に他人に洗脳されはしない。他人にコントロールされそうな記憶をアンカーとして、自分で用意したトリガーに結び付ければ、そうそう内部表現を書き換えられない。カルトレベルの洗脳技術なら、まず大丈夫だろう。

◉洗脳世紀を迎えるに当たって

さて、いかがだっただろうか。

本書で解説してきた洗脳護身術を体得すれば、催眠商法や洗脳セールス、そしてカルトに騙されなくなるのは確実だ。加えて、異性からもてたり、ビジネスに役立てることもできる。しかし、私の目から見れば、それらはあまりにも消極的なモチベーションだ。本当に洗脳護身術を使いこなしたいと考えているのであれば、それしきのことでは物足りない。洗脳護身術を学ぶことの最大の価値は、「自らを灯火とし、自らを拠り所とする」人生を送れるようになることだ。そして究極的には「法＝真理を灯火とし、法を拠り所とする」人生さえもが空であり、法も自我も空だと悟れるところまでいけることだ。あらゆる束縛、恐怖、苦しみから完全に独立する。完全に自立した心で、どのような洗脳にも打ち克ち、どのような圧力、権力にも屈さない「精神の基礎体力」を身に付ける。これこそが洗脳護身術の最大の魅力であり、本当の「脱洗脳」といえるかもしれない。

我々には知らない間に、いくつものアンカーとトリガーが埋め込まれている。もの、金、性欲といった数々の煩悩が我々の心の中に溜まり、積み上がっている……。その煩悩への執着、すなわちアンカーとトリガーを、洗脳護身術で取り去っていただきたいのである。

あらゆる現実世界での出来事、事柄、記号、思考パターンとしてのトリガーを、煩悩としてのアンカーから切り離したり、別なアンカーに繋ぎ替えたりする。そして、学校や家庭で教わったことも含めて、あらゆるこの世の価値を洗い直してみる。人間の生得的な欲望である「この世の論理」など、人間の精神にこびりついた垢を洗い流す。そうすることで、何者にもとらわれない、本物の自由、無垢な自分を手に入れていただきたい。

洗脳護身術は、本当の自己解放を成就させる、最大の悟りへの道にもなり得るのである。

私は皆さんが、本書を機に完全なる「自由」と「自分」を手に入れて、目前に迫っている「洗脳世紀」を迎え入れてくれれば、と願う次第である。

補完

本書でこれまで解説してきた洗脳術を踏まえて、洗脳護身術の最終奥義を掲載しておく。

◉洗脳護身術奥義1　防衛技術

洗脳とは、相手の内部表現を操作することである。従って、洗脳されなくするためには、内部表現を操作されなければいい。その前提として、相手に内部表現にアクセスさせないようにするのが一番なのはいうまでもない。例えば、気を失った状態の相手に対しては、内部表現にアクセスしたくてもできない。実際、洗脳手法で脱洗脳を防ぐために、脱洗脳者が変性意識を生成しようとすると気を失うように仕掛ける方法論がある。これなどは立場は逆だが、同様な方法だろう。

ただ、現実問題としては、洗脳術は被験者が気付かないうちに内部表現を書き換える場合が多い。そのため、この術はあからさまに洗脳者と分かっている人間に対する手段として、我々プロが防衛策に仕掛ける技術程度と理解していただければいい。例えば、カルト信者を脱洗脳するときには、脱洗脳後にカルトメンバーからのコンタクトで再度カルトへ戻らないように、メンバーの発する言葉を無効化する仕掛け（アンカー）を認知の脳内メカニズムに仕掛けておくことがある。これなどは、内部表現にアクセスさせなくする技術の一つだろう。

本節で紹介するのは、このような特殊な技術なくしても、誰でも他人から内部表現を操作されなくする方法である。厳密には、相手からのホメオスタシス同調による内部表現の書き換えに耐えられる技術だ。

方法は、内部表現上に巨大化させた自らの身体を構築する。しかし、自分を巨大化させたイメージを持つのは意外と難しい。故にはじめは、圧倒的に健康かつ強靭で巨大な身体を持つ存在をイメージして、それに自己を重ねあわせていくのがいいだろう。そしてそのイメージに強い臨場感を持ってほしい。さすれば、自然と介入されにくい圧倒的に強いホメオスタシスを構築できるはずだ。

この方法は、仏教の伝統的な瞑想などでも利用されている。イメージ空間に大日如来や阿弥陀如来の姿を思い浮かべ、観想された仏と一体化する、いわゆる観想念仏という技法である。この念仏は、他からの内部表現の書き換えに対する防御ではなく、悟りや浄土への往生を目的としたものだが、その副作用として、他人から書き換えられない内部表現を構築できる効果がある。だからこそ、密教加持などで、重い病を持つ患者と内部表現を共有しても僧侶は病にならず、霊と闘っても勝てるのである。仏の姿を内部表現に作り上げれば、相手の内部表現の霊と自分の内部表現が共有されても、相手に書き換えられるはずがないからである。

ただ、現代人は、仏像や仏画などを見る機会は滅多にないので、瞑想で作り上げる巨大なイメージが仏様の姿である必要はない。例えば、鉄人28号やウルトラマン、汎用人型決戦兵器エヴァンゲリオンやマジンガーZといった、できるだけ強くて巨大なヒーローの姿をイメージする。克明に、臨場感を持ってイメージする。そして作り上げたヒーローに自分自身の姿を統合していくようにイメージすればいい。ポイントは無敵のスーパーヒーローを選ぶことだ。どんな相手がこようとも、決して内部表現の介入を許さない強さを持ったヒーローでなくてはならない。さすれば、自然と相手から介入されにくい強いホメオスタシスを構築できるはずだ。

もちろん、自宅に仏像がある人は、その仏像を見ながらイメージを作り上げればいいだろう。なんといってもお釈迦様は、日本人の心に深く根差したスーパーヒーローだ。仏具屋から安い仏像を買ってくるのでもいい。仏像はある程度ディテールがあれば、一番安いもので構わない。

密教では身口意といって、実際に手で印を結んで自分の身体で仏様を表し、口で仏様の真言を唱えて、さらに心でもイメージすることで臨場感を強化する。とにかく臨場感をできるだけ強くして、巨大な身体をイメージするのである。仏教瞑想でイメージする仏様の身体は桁違いに大きい。観無量寿経には、「無量寿仏の身は百千万億の夜摩天の閻浮檀金の色の如く、仏身の高さは六十万億那由他恒河沙由旬（六十万の億倍の千億倍マイル）なり。眉間の白毫は右に旋りて宛転して五須弥山の如く、仏眼は清白分明にして四大海水の如し。身の諸の毛孔より光明を演出すること須弥山の如く、その円光は百億三千大千世界の如し。その身に八万四千の相あり、十一の相の中に各八万四千の光明あり、十一の光明はあまねく十万の世界を照して念仏の衆生を摂取して捨てず」と記されている。

ちなみに、平安末期から鎌倉初期に生きた法然は、専修念仏（口称念仏）という考え方を打ち出している。これは仏像や仏画が、まだ貴族などの特権階級の独占物だったために、その姿を見る機会のなかった一般民衆が「南無阿弥陀仏」と口で唱えるだけで、観想念仏（円仁や源信以来、天台宗を中心に行われていた）以上の効果が得られるという方法論だ。

確かに仏像が見られない者に、阿弥陀如来の来迎をイメージしろといっても、臨場感を持って構築するのは不可能である。それならば、密教の真言のように言葉の力をもって強い内部表現を作り上げるというのは、一つの方法である。これにより、強い内部表現をもって、他からの内部表現の書き換え、もしくは自分自身の恐怖心などによる内部表現の書き換えを防ぐ方法が民衆にも伝わるに至ったのである。

ただ、この場合は強烈な信仰心が、その言葉に臨場感をもたらすのであり、本書の方法

洗脳護身術奥義I　防衛技術

遮那を応用して仮想空間上に、お釈迦様やアニメのヒーローといった巨大で強靭な存在を克明にイメージする。

自分自身の姿もイメージして、ヒーローに重ねていくようにイメージする。

自身とヒーローを統合したイメージに強い臨場感を持つ。そうすれば洗脳者からの内部表現の介入を防げるようになる。

ではこのような信仰心を前提としていない。さらに現代の日本人に、鎌倉時代の民衆のような強い信仰心があるとは思えない。よって、真宗の敬虔な信徒でない限りは口称念仏ではなく、できるだけイメージをしやすいように、実際の仏像やアニメの画像を利用した方がいいだろう。逆に強い信仰心がある人ならば、自分の宗派の本尊をしっかりとイメージし、それと自己が合体するイメージ操作をすればいい。その信仰心の強さの分、他人から内部表現を操作されるリスクが下がるのはいうまでもない。キリスト教徒ならマリア像などを利用するといいだろう。

また、気功などで用いられている道

家の方法では、大周天と呼ばれる自己イメージ拡大法がある。これは自分の上下に、宇宙サイズの自分の身体の気が回る空間をイメージする方法である。これも、巨大な身体を内部表現上に築く方法として有効であり、患者と内部表現を共有しても自らは病気にならないほどの強い内部表現が維持されるはずである。

◉洗脳護身術奥義2　解放技術

本節は自己解放の技術である。何度もいうようだが、我々は幼少の頃から親の躾や友達付き合いでの失敗といった身近な経験から、学校や社会での教育、宗教や迷信にかかわる体験がベースとなって、あらゆるアンカーとトリガーを自身で作り上げている。

認知科学研究では、特に失敗や恐怖の経験にかかわる状況をトリガー、その苦い感情をアンカーしていることが知られている。おそらく進化の過程で、我々の行動には、自らに望ましくない状況を無意識的に避けられるように、このような防衛メカニズムが埋め込まれてきたのだろう。

熱いものに触ると無意識に手を引く条件反射も、アンカーとトリガーの関係で説明できる。認知科学は、人間にはこういった生体的なレベルの抽象度の高い思考のパターンなどにも同様なメカニズムが存在し、単なる条件反射という行動主義的な説明では不可能な、複雑な論理的推論をベースとしたアンカーとトリガーの関係を持っているという立場である。だがこれも、ホメオスタシスが情報空間に拡張していることで説明ができる。

例えば、駐車違反で切符を切られて苦い思いを体験すれば、次に高速道路で速度取締機(オービス)が目に入ると一瞬背筋が冷やっとする。推論としては、これはアンカーとトリガーの関係が、「取締」と「違反」といった抽象度の高い、概念レベルの依存関係でも成り立っていることを示している。我々はこのようなアンカーとトリガーを無意識の中に無数に持っている。

失敗をベースにしたアンカーとトリガーは、次の失敗を回避するために無意識的に埋め込まれたものであるから、普通に考えれば望ましいことだろう。しかし本書では、この逆の立場をとる。自分に埋め込まれたすべてのアンカーとトリガーは自己の内省的な吟味を経ない限りは、自分にとってよい保証はないという立場である。

本書をここまで読まれた方は、本書がこのような立場を取る理由はお分かりだろう。まず、長い日本の歴史で社会的に埋め込まれてきた迷信的な思い込みがある。「日本教」といってもいい。ご飯にお箸を突き立てると嫌な気分になるといったことだ。そして「正しい」と社会で受け入れられていることに対する危惧がある。この二つが、我々が教育や躾を受ける幼児期から未成年の段階で受け入れてきたものだ。そしてこれらが本当に自分のためになっているのかを、成人の立場で再吟味するべきだと考える。もし、再吟味して、それが自分のためになっていないのなら、これは洗脳されていたということになる。その場合は、そのアンカーとトリガーの関係を自ら断ち切り、自己脱洗脳する必要がある。これが自己解放の基本となる考え方だ。

我々が普段とる無意識の行動、「信号が赤になれば止まる」「コーヒーと紅茶でコーヒーを選択する」といった何気ないものから、「慶応大学はブランドである」「銀行員はエリートである」「支持政党は自民党である」といった社会や政治的な事柄の選択、価値判断は、幼児期に学習した両親の真似であるという発達心理学の研究成果がある。別に両親が躾や教育を能動的にしなくても、両親の行動や思考パターンを知らずに真似て、自らのものとしてしまうのである。もちろん、両親は正しいことをしていると信じて行動しているのがほとんどであり、意識的な躾、教育という範疇では、明らかに幼児のために行っているので、定義上洗脳とはいえない。しかし、広い意味でとらえれば、我々は皆、両親に洗脳されているのである。

例えば、一九七〇年代、筆者がまだ十代だった頃、「電気ギターを弾くのは不良」だったし、「銀行員はスーパーエリート」だった。首都圏にある大学の理科系では、東大と早稲田がトップで、慶応工学部はずっと下のランクだった。

当時の若者がそういった価値で人生の選択をしたことは明らかである。しかしギターを捨てて東大に入り、銀行員になったことが、果たして正解だったのか？

この例は一見、大したことではないように思われる。しかし、自衛隊のイラク派遣がいつの間にか正当化されている現在の日本の風潮は、こういった無意識の洗脳の結果という可能性はないだろうか？　つまり、現在の日本のリーダーたちは、幼少時代に埋め込まれた価値観に左右されて政治の舵を取っている可能性がある。

例えば、小泉首相は一九四二年生まれ。終戦が一九四五年なので、彼の幼児期は終戦直後の日本である。小泉首相を代表する一九四〇年代生まれと、一九五〇年代生まれ（筆者は一九五九年生まれ）の幼児期に、無意識とはいえ、洗脳した当時の大人たちの論理は何だったのだろうか？

一つ確実なのは、当時は日本の価値が一度リセット、ゼロとなり、アメリカ的価値がすべてを席巻し、アメリカがすべての手本だったということである。アメリカのいうことはすべて正しい。これが当時の幼児たちが両親の行動を真似て、自己洗脳してしまった論理ではないだろうか？　ならば、小泉首相が現在戦争しているアメリカを支持して自衛隊を派遣することは、無意識の選択として、青信号で自然と足が前に出るのと同じくらい当たり前なのだ。

一方、現在のアメリカを動かしているトップエリートが幼児期だったときも、一九四〇年代から一九五〇年代である。アメリカが世界の覇者になった二十年間だ。故に、彼ら自身の無意識には、自分たちが世界の真実であり、世界の正義であるという自己洗脳がある。日本とアメリカの両方のトップがこのように自己洗脳していれば、アメリカの戦争に日本が追従するのは当たり前だ。

だが、今はもう違う。現在、銀行員がスーパーエリートでないと同様、アメリカの行為がすべて正しいというわけではない。そしてそのような疑問を感じているアメリカ人も中にはいるだろう。特にベトナム戦争時代（一九六〇年代初頭〜一九七五年）が幼児期であった、一九六〇、七〇年代生まれのアメリカ人には違和感が大きいはずだ。イラク戦争に反対するアメリカ人がいるとすればこの世代だろう。

この問題に関しては、一九七〇年代生まれの者が日米の中枢となる時代には、解決されているかもしれない。もちろん、その前に大戦争が引き起こされる懸念もある。ただ、本書で問題としているのは、このように我々が幼児期に正しいと両親から無意識に受け継いだ事柄が、実は本当に我々のためになっているものではなく、その意味で不必要な自己洗脳であった可能性があるということだ。

本書は、よい悪いの判断にかかわらず、まず、これらのアンカーとトリガーを再吟味して、その関係を切り離すか否かを選択する立場である。これが自己解放である。

ところで、自己解放を勧める理由としてはもう一つある。そう、宗教の問題だ。

二十一世紀にもなって、霊が怖い大人が沢山いる。風水が悪いと霊が入ってくるなどと、本気で思っている人たちが沢山いる。中高生に聞くと、皆一様に霊は実在していると思っているらしい。最近の社会風潮から水子がいると、若い女性などは、占い師たちからよく脅かされている。そしてこういった怯えから、占い師や祈祷師たちから何百万というお金を巻き上げられている人々が驚くほど沢山いる。仏壇に二千万円も投じた人の話を聞いたこともある。

自ら目が覚めて騙されたと思ったとしても、大抵は泣き寝入りなので被害届が出されることもなく、社会問題となるのは極稀である。とはいっても大方は、本当に占い師や祈祷師を信じているので、ひたすら巻き上げられるばかりだ。脱洗脳の現場にいると分かるが、こういった被害は、一般の人が思っているよりも遥かに多い。日本社会の闇の部分といっていい。

要するに日本は、宗教的にはいまだに暗黒時代なのだ。確かに、こういった占い師や祈祷師、シャーマンといわれる人たちは、真っ当な宗教家ではないので、宗教ではないと批判する声があるかもしれない。だが、それは違う。伝統宗教があえて霊という概念を使って日本人を幼児期から長年にわたって脅かし続けてきたために、日本人皆が霊の概念に洗脳されているのだ。仏教が葬式仏教になったのは江戸時代からだが、それより遥か昔の奈良、平安以前から、霊の概念で日本人は脅かされ続けてきた。お釈迦様が霊は実在しないといっているのに、何事だとつくづく思う。第一、その前にまともな科学教育をすれば、霊に怯える大人が生まれるはずがない。

だが現実には、科学者さえもが戒名に高いお金を払い、マイカーにお守りをぶら下げている。窓の景色が墓場のマンションは買いたがらないし、カルト雑誌を購入して怪しげな新興宗教に走ったりする……。カルトに走るのは、占い師に騙されるような無教養な市民ばかりではない。前世療法などが持てはやされているのも同様だ。これは日本人が霊のアートマン的実在や、その輪廻というカルト的な宗教観に洗脳されてきた結果である。

このようなカルト的な宗教観から、日本人は自己脱洗脳しなければならない。霊を怖がる感情から完全に解放されなければならない。このための自己解放でもある。

では、自己解放のアンカーとトリガーの関係の断ち切り方を伝授しよう。

基本的には、アンカーの意識化と無力化である。加えて、トリガーを別のアンカーへ繋ぎかえるのが応用となる。

アンカーとは、脳内に埋め込まれた経験の記憶や感情、思考のパターンである。これを探しだすのがアンカーの意識化だ。アンカーが効果を発揮するのは、我々の無意識下、つまり自分で内省的に気付いていない情報として存在しているからだ。これに気づいて意識に上げてやることで、アンカーの効果は大きく薄れる。

方法は簡単だ。まず静かな場所に座って気持ちを落ち着け、自分が「やってはいけない」あるいは「やるべきではない」と思っていることを可能なだけ列挙する。別に文字にして書き出す必要はない。一つずつ思い浮かべるだけでいい。

思い浮かべたら、続いてそれを学んだ状況を思い出す。すぐに思い出せなければ「なぜ、やってはいけないのか」を徹底的に考えるだけでもいい。例えば、あなたがもしオウム信者だとしたら「教祖を疑ってはいけない」と学んだはずである。その状況を思い出してほしい。サティアンで師のサマナから聞いたのならば、その時の状況をよく思い出す。すると必ず「疑うと地獄へ行く」といった教義の説明や、地獄のビデオを見せられたことを思い出すはずだ。そして、同時に恐怖心がわいたことを思い出すはずだ。その恐怖体験がアンカーである。アンカーが分かれば、自分の意識で「教祖を疑ってはいけない」と恐怖体験の繋がりを認識する。さすれば、自分の中のアンカーの効果は大きく薄れるだろう。

一般的な読者の場合だと「お墓に立ち小便をしてはいけない」といわれたことを思い出

すかもしれない。そしてその理由は「罰が当たるから」かもしれない。ならば、罰が当たることと霊の恐怖が結び付いていることを意識化すれば、アンカーの効果を下げることができるだろう。

このように、ありったけの「やってはいけない」トリガーと、それに結び付けられた記憶としてのアンカーを探し出すのである。これは社会や他人から教わったことのみならず、自分自身の経験でこう思っていることも含めてである。実際に試してみると分かるが、我々の無意識の中には非常に多くの「やってはいけない」が埋め込まれている。その中には「殺してはいけない」「盗んではいけない」といった冷静に吟味して当然として受け入れられること以外に、意味もなく自分を束縛しているものが数多くある。その束縛は「やってはいけない」に結び付けられている体験や感情を意識に上げるだけで相当弱まるはずだ。

さらに、どうしても結び付けられた感情が強い場合は、その感情を少し強くしてみる。例えば、「教祖を疑ってはいけない」というトリガーを思い浮かべたとき、教祖を疑うことにより出てくる恐怖（＝アンカー）がどうしても弱まらないとする。その場合はあえてその恐怖心を強めてみる。弱めることはできなくても、強めることならできるだろう。アンカーの強化に成功したら、後はこちらのものだ。なぜなら感情をコントロールできているからだ。改めて恐怖心を弱めてみるといい。今度はおそらく成功するだろう。

次に応用として、アンカーのつなぎ替えを行う。「やってはいけない」ことに別の感情や思考を結び付けるのである。例えば、「教祖を疑ってはいけない」に対して、最近食べた中でも美味しかった料理の味を結び付けたり、友達と遊んでいるときの楽しい気分を結び付けたりするのである。これは自分で十分できるはずである。

自己解放で重要なのは、カルトの教祖を疑ってはいけないといったあからさまに洗脳的なトリガーのみならず、日常のあらゆる「やってはいけない」を思い浮かべることである。さすれば、思わぬ自己束縛のアンカーとトリガーが多く隠されていることに気付くはずだ。「やってはいけない」をしばらく行ったら、今度は「やらねばならない（守らねばならない）」と思っていることも同様に行う。

例えば、私は幼少の頃から歯磨きは起床後すぐと就寝前と学んでいた。両親がそうしていたのを真似ていたのである。ところが中学生になってニューヨークミリタリーアカデミーの夏キャンプに留学中、寮の同級生たちが朝食、昼食、夕食の直後に歯磨きしているのを見た。このとき私は、歯磨きに関しての我が家での間違った習慣から脱洗脳された。

虫歯予防という目的で歯を磨くのは、歯の表面の細菌が酸を作って歯を溶かすことを防ぐために行う。それ故、歯磨きは食後すぐに行うのが望ましく、食前に磨くのは意味がなかったのである（朝食までの時間の口臭予防を目的とするならば有用だが）。夕食から数

洗脳護身術奥義2　解放技術

※STEP1〜3は、10〜20分を目安に毎日行う

STEP1

禁止事項からの束縛を解く

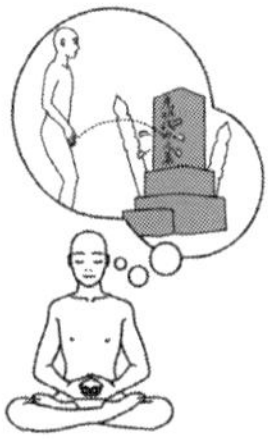

静かな場所に座ってリラックスした状態で、自分が「やってはいけない」ことを思い浮かべる。（例）お墓に立ち小便をする。

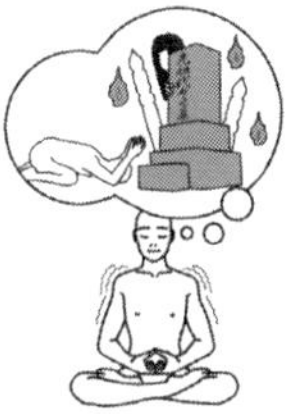

思い浮かべた「やってはいけない」ことを学んだ状況、もしくは「なぜ、やってはいけないか」を考え、そのときに生じる体験について考える。（例）お墓に立ち小便→罰が当たる→祟りが怖い。

「やってはいけない」こととそのときに生じる体験（恐怖など）を意識に上げて、強く結びつける。

STEP2

アンカーを繋ぎ替える

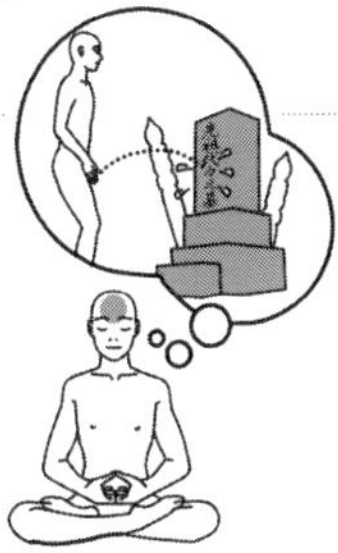

「やってはいけない」ことを思い浮かべる。（例）お墓に立ち小便をする。

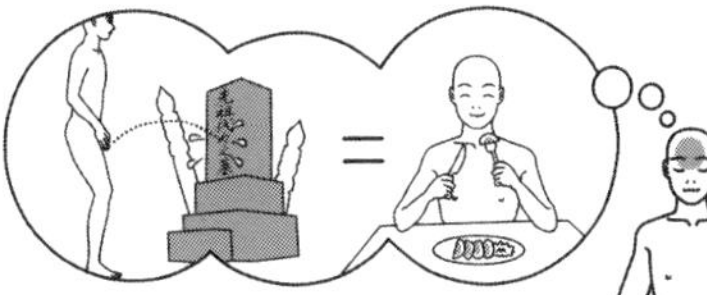

「やってはいけない」行為で生じる体験（恐怖など）を、楽しい体験に結び替える。（例）お墓に立ち小便→祟りによる恐怖体験→料理が美味しかった体験にする。

STEP3

遵守事項、恐怖体験からの束縛を解く

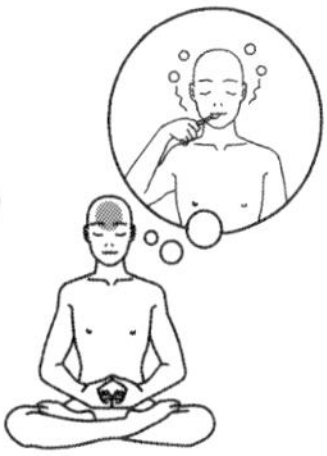

STEP1と同様な状態で、今度は「やらなければならない」ことを思い浮かべる。（例）起床直後に歯を磨く。

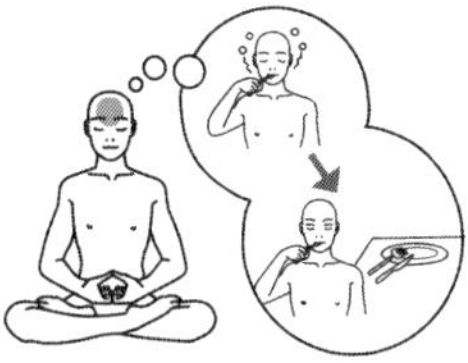

「やらなければならない」ことを学んだ状況、もしくはその理由を考え、そのときに生じる体験を強く意識する。「やらなければならない」ことが誤った行為であるならば改善する。（例）起床直後に歯を磨く→朝食後に歯を磨く。

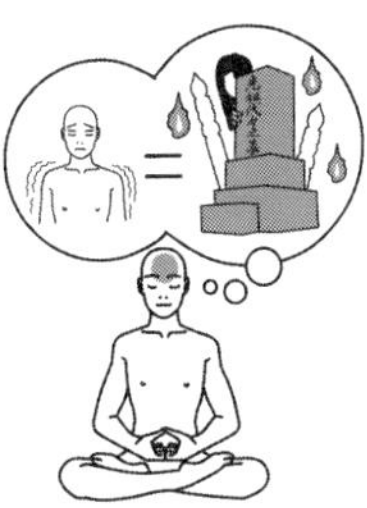

今度は「恐怖体験」を思い浮かべて、STEP1と同様にアンカーとトリガーの関係を強く意識する。

時間も経過した就寝直前の歯磨きも、同様な理由から無意味である。残念ながら、私はこれを一人で座って「やらねばならない」ことを列挙して、その矛盾に気付いたわけではなかった。そのためもし、寮の同級生の歯磨きを見なかったら、私はいまだに家庭洗脳されたままだったかもしれない。

正しい歯磨きの習慣に気付いた後、私はしばらくの間、朝食後まで歯を磨かないことには、何となく口の中に違和感があった。これはかなり強力な洗脳がホメオスタシスレベルで効いていたからだろう。

このように他愛もないことまで含めて、ありったけの「やらねばならない」と思っていることについて思索してみてほしい。そしてそれが終わったら「怖いと思っている」ことでも同様に行ってみる。怖いと思っている事柄をありったけ挙げて、それぞれに結びついている恐怖の感情と、その感情を感じたときの過去の状況をすべて思い出してみるのである。

以上、この三つを日々行っていただきたい。一日十分でも二十分でもいい。毎日行う。継続していれば、あるときを境に驚くべき自己解放感が得られるはずである。

◉洗脳護身術奥義3　反撃技術

洗脳護身術を体得するには、相手を洗脳する技術を理解していなければならない。というのは、相手の仕掛けた洗脳を認識するという効果の他に、相手に洗脳を仕掛け返すために効果的だからである。洗脳を仕掛け返すというのは、いささか物騒に聞こえるかもしれないが、護身術とはそういうものだ。柔道や空手でも己の身を守るためには、相手を投げ飛ばしたり、打ち負かす技術を中心にしている。もちろん、この技術を自己責任の範囲内で、ビジネスや交渉の場などで利用するのは皆さん次第である。

反撃技術は、ホメオスタシスの同調を利用する。これは複数の人間が同じ場を共有すると、自然とホメオスタシスが同調されるという原理だ。復習するが、ホメオスタシスとは身体の正常な状態を維持するための機能のことだ。暑い時には発汗して体温を調節したり、心臓の拍動を変えて血液量を調節するのが代表的な例だ。ゆらぎを持った周期性のあるパターンで、少しずつ調整されていく。この機能が高度に進化して、情報空間にもホメオスタシス活動が拡大し、それが仮想世界の臨場感のカラクリであることは前述した。

一九七一年、シカゴ大学の女子大の寮生を対象に行った実験では、一緒に生活する女性の生理周期が同調してくる現象が確認された。その後の研究で、これはフェロモンによる匂いが情報を伝達していることが判明している。呼吸や心拍など、その他の機能での同調性現象に関しても、その伝達方法がすべて解明されたわけではないが、ホメオスタシス機能が個人間で同調性を持っているのは確かである。同じ場所に長く一緒にいると、自然と呼吸や心拍も同調していくのである。

洗脳の基本はホメオスタシスの同調である。人間のホメオスタシス空間は、物理空間から精神空間（情報空間）まで拡大している。女性のルームメイト同士は、生理周期が一緒になるという物理空間のホメオスタシス同様に、精神的なレベルでもホメオスタシス同調が起きるということだ。一緒にいるだけで、同じような思考パターンを持つようになるのである。そしてこれは、より巨大な精神的身体、すなわちより強固な内部表現を持った方の思考パターンに同調してくる。あるいは、数人が一緒にいれば、同じ思考を持った人が多いほうに同調する。同じ思考の持ち主が数百人いるところへ、異なった思考を持つ一人を入れると、精神空間に広がるホメオスタシスの同調で、そのマイノリティは洗脳されてしまうわけだ。

ホメオスタシス同調が働くには、身体レベルのホメオスタシスが情報空間に拡大しているため、個人間の物理距離が短ければ短いほど、一緒にいる時間が長ければ長いほどいい。日本のような人口密度の高い国は、何もしなくても皆が同じ思考パターンを持つようになる。以心伝心とかハラゲイとかいった文化は、人口密度の高い国ならではの現象だ。ただ、自然なホメオスタシスの同調に任せておくだけでは、いくらルームメイト同士でも同じ思考パターンになるまでに数カ月、いや数年はかかるだろう。洗脳技術はそれを分単位、時間単位で実現する。

ホメオスタシスの同調を洗脳レベルで操るには、まず変性意識を生成しなければならない。変性意識下では、ホメオスタシスの同調が昂進する。集団催眠下では、皆が同じ行動、同じ思考パターンを取りやすいのである。舞踏などでは、変性意識がうまく生成されていると、特にお互いが合図などしなくても身体の動きが自然と同調する。これは「変性意識の強度＝仮想世界の臨場感の強度」ということを理解できれば、不思議でも何でもない。また「仮想世界の臨場感の強度＝ホメオスタシスフィードバックの強度」なので、変性意識が強ければ、相手の脳内の内部表現で構築されている仮想世界により臨場感を持ちやすくなる。加えて、相手の脳内の内部表現で構築されている仮想世界に、より強く臨場感を持てれば、ホメオスタシスの効果でそれに合わせて自分の身体が従うのは自然なことである。

このように、通常は長い期間を要するホメオスタシスの同調、すなわち内部表現の共有を、長くても数時間で引き起こすのが洗脳技術である。

ちなみに、ホメオスタシスが同調するまでの期間が長ければ非洗脳かといわれれば、そうではない。社会的に人口の大半をコントロールするのに数年かかっていても、洗脳と判断されるケースがある。ヒトラー下のドイツ国民は、思想レベルまで、ホメオスタシス同調が引き起こされていたと見るべきだし、文化大革命下の中国も同様である。行動制御などの認知行動療法的手法の補助で、国民が強い変性意識状態になる。つまり国を挙げての集団催眠下にあったことにより、このホメオスタシス同調が強度に引き起こされたと見るべきだろう。そして、戦前の日本もこのパターンであったと考えるのが自然である。

ところで、ホメオスタシスの同調が起きていれば、相手と同じ内部表現が共有されることになる。それ故、相手が病気なら自分も病気になってしまう。にもかかわらず、気功師が相手の病気を治しても、自分が病気にならないのは、大周天などで強力な内部表現上の身体を維持して、相手の病状態は書き換えても、自分自身の健康状態は書き換えられないからだ。

従って、ホメオスタシス同調を行うにあたっては、奥義1で解説した内部表現に巨大で無敵な身体を構築する必要がある。これができないと、ホメオスタシスが同調した時点で、相手の内部表現上の身体が勝っていると、自分が洗脳されてしまったり、病気になってしまう危険性がある。

洗脳護身術奥義3　反撃技術

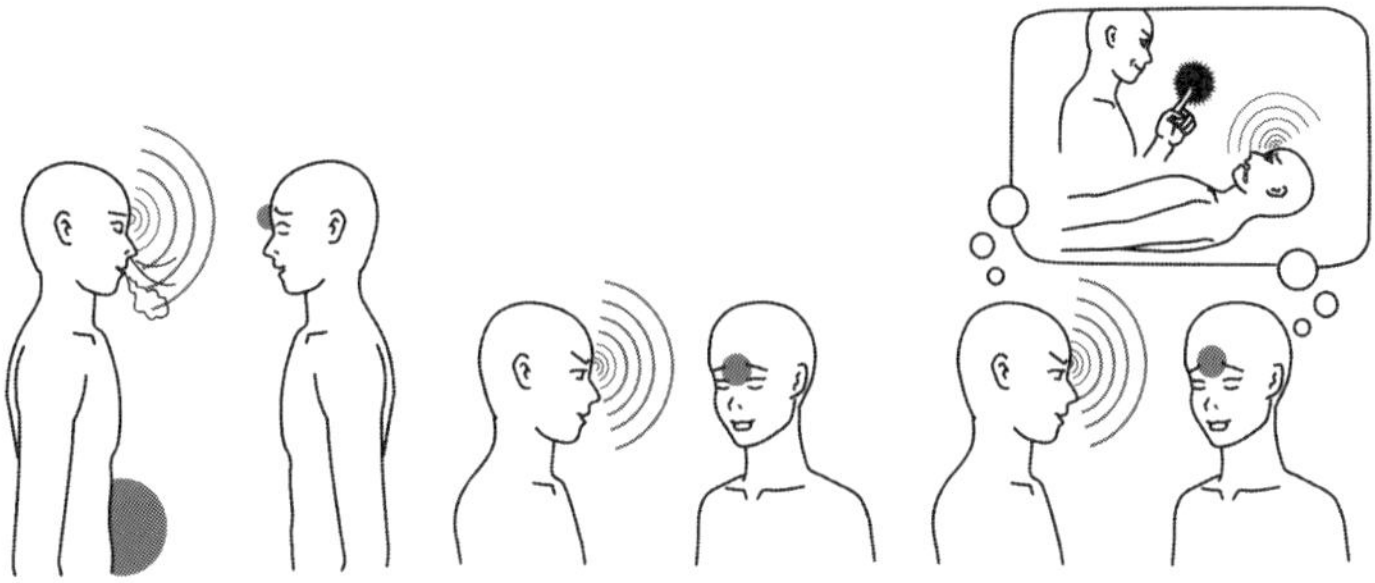

逆腹式呼吸や気孔術などを利用して自身を変性意識状態にする。

ホメオスタシスの同調を利用して相手も変性意識状態にする。

相手の内部表現に介入して書き換えを行う。

巨大な身体を内部表現に実現できたら、相手とホメオスタシスを同調させる。方法は簡単だ。自身が強い変性意識状態となった状況で、相手の身体と物理的なホメオスタシスレベルで、可能な限り同調させるのである。呼吸や瞬きの速度、体の動きやジェスチャー、声の速度や声色など、可能な限り同調させる。そのうえで、マインドエンジニアリングの説明で述べたように、相手の目と目の間を見つめる。そして相手の視点の位置から見えているはずの周囲の様子を、相手の視点に立って、できるだけ正確にビジュアライズする。六本木ヒルズ瞑想法で練習したように、相手の視点から見えている周囲の環境の状況を、イメージ上で動かしたり、壊したりといった操作を内部表現上で行うのである。これにより、相手の変性意識はさらに深まり、ホメオスタシスの同調はさらに強化されるはずだ。

ここまでくれば、相手は自分自身と内部表現を共有しているので、自分の内部表現に好きなことを書いてやれば、つまり自分で強くイメージしてやれば、相手の内部表現はそれに従わざるを得ないはずだ。相手が倒れているところをイメージすれば、相手はホメオスタシスの原理により倒れざるを得ない。これは武道の達人が行っていることでもある。もちろん書き込む内容は、命題などの抽象的な情報でも効果は同じである。

※註

序章

1 『洗脳原論』…苫米地英人著、春秋社、二〇〇〇年。洗脳のメカニズムについてや元オウム信者の脱洗脳の様子などが記録されたノンフィクション。

2 LSD…lysergicacid diethylamide（リゼルグ酸ジエチルアミド）の略。服用すると幻覚、幻視、幻聴を引き起こす作用がある薬剤で、一九三八年、スイスの薬学者アルバート・ホフマンが発見。日本では違法薬物に指定されている。

3 『CIA洗脳実験室』…ハービー・ワインスタイン著、苫米地英人訳、デジタルハリウッド出版社、二〇〇〇年。アメリカCIAで洗脳の人体実験の犠牲となった父の人生と筆者の国との戦いを描いたノンフィクション。オウム真理教では、自白剤や身体検査機を用いて信者を質問攻めにして記憶を消したり、従属化させる「ニューナルコ」と呼ばれる洗脳法があるが、これは本書で紹介される医師ユーイン・キャメロンが行っていた「デパターニング（パターン崩し）」というチオペンタールと電気ショックを組み合わせたテクニックを真似たものとされている。また、LSD投与下で、同じメッセージを何度も聞かせて洗脳する「サイキックドライビング」と呼ばれる技術もキャメロンの発明であるが、これもオウムが多用していた。

4 9・11…二〇〇一年九月十一日に勃発したアメリカ同時多発テロ事件。ニューヨーク市の世界貿易センタービルに、イスラム原理主義のテロ組織「アルカイーダ」のメンバーが乗っ取ったジェット機が激突し、六千四百人以上の死者・行方不明者を出す大惨事となった。

5 空…仏教用語で、この世に存在するすべての事象は因縁（縁起）によって生ずる仮の姿で、実体がないということ。

6 洗脳者は今後、どんどん権力者側に食い込んでいくだろう…例えば『ダイオキシン』（渡辺正、林俊郎著、日本評論社、二〇〇三年）や『官僚とダイオキシン』（杉本裕明著、風媒社、一九九九年）によれば、「東京都の幹部十八名が天下ったといわれる某（ゴミ焼却炉）メーカーは、都と四千五百四十億円の契約をした」そうである。ゴミ焼却によるダイオキシンは、危険もなければ被害もの実体もなかったのに、「環境ホルモン」などという造語による市民の恐怖を煽るキャンペーンと相まって、「ダイオキシンは危ない」という社会現象まで生み出され、新焼却炉建設、設置に数兆円から数十兆円の税金が無駄遣いされる法律まで作られたのである。これなどは、洗脳者が権力者側に食い込んでいった良い例だろう。また、手法も「恐怖心」のアンカーを利用するというまさに洗脳的方法が用いられていた。

7 予めご了承いただきたい…さらに高度な技術を学びたい場合は、筆者のHP（http://www.tomabechi.com）にて、苫米地流セミナーの開催案内が随時出ているので、それに参加していただきたい。本書で解説しているような初心者向けのコースも随時開催している。ただし、誰にでも参加いただけるわけではないことも申し添えておく。

第一章

8 唯識…無著、世親兄弟によって生み出された仏教上の思想の一つ。一切の現象には実体がないという「空」の概念に対して、その「空」を生み出す「心」だけは存在するという考え方。ただし、本書における唯識の解釈は「心」を情報としてとらえている。加えて、その情報の空性も否定するものではない。

9 アラヤ識…唯識で説かれている八識のうちの第八識。「蔵する」という意味を持つところから、蔵識とも呼ばれる。我々がこれまで経験してきた一切から心のすべてまでが埋め込まれた最も根元的なもので、他の七識が生じるための基盤とされる。

10 マナ識…八識のうちの第七識。アラヤ識と同じく心の深層にあり、煩悩や我執を発生させるもととされる。

11 縁起…全ての事象は、原因と条件によって成り立っているという仏教の教え。

12 アートマンの非実在性を謳う仏教的立場は…唯識派と呼ばれる仏教学派の考え方では、深層心理の入れ物であるアラヤ識をアートマン的な実在としてとらえているが、本書で言うような、情報空間に拡張されたホメオスタシスによる時間的かつ因果的に動的な内部表現状態をこの思想のアラヤ識の考え方、並びにアプリオリな「識」の考え方は、アートマンの非実在性を、縁起の思想により、バラモン教（ヒンズー教）に対するアンチテーゼとして打ち立てた釈迦の教えに本質的に矛盾するものと考える。中国を経由して仏教が入った日本では、アラヤ識のアプリオリ解釈すると誤解が生じる。本書でいう「唯識」は、唯識派の考える唯識とは、異なるものである。唯識派の定義するアートマン的な実在としての教えに矛盾するものを内包しているといえるだろう。中国で仏教がアプリオリ的な宗教として解釈されたのは、仏教が、道教や儒教の範疇で性のみならず、法身という言葉で代表されるように、仏の存在もアプリオリ的な思想として伝わっている。その意味で日本仏教は本質的に釈迦理解されたためである。例えば、道教では「道」（ＴＡＯ）は、「それだけであるもの」とされ、「宇宙の根源的な真理」とされる。これが道教の基本的な立場であるが、これはアプリオリな思想である。また、中国仏教が、道教的なアプリオリな宗教へと変容したのは、仏教経典がサンスクリット語から中国語に訳されたときに、「老子」、「荘子」の用語を使って翻訳されたことも大きな原因の一つであるとされている。さらに、法華経など、仏教の経典に、「経」の文字が使われたのは、「永遠の真理」を表す儒教の「経」の文字が使われたからとされる。すなわち、アプリオリな真理ということで、仏教経典は中国伝来の最初から解釈されていたわけであり、アプリオリな存在の実在を否定する釈迦の教えのエッセンスが、中国に仏教が伝わった最初の段階で、老荘思想の強い影響で、消滅していたのである。ちなみに、アートマンとは古代インド哲学の根本原理の一つで、個体の本質を意味し、宇宙の根本原理ブラフマンの概念に対応する存在を指す。

13 ホメオスタシスは恒常性維持機能と訳す…homeo（同一）とstasis（平衡状態・維持）というギリシャ語が語源。一九三二年にアメリカの生理学者、Ｗ・Ｂ・キャノンが提唱。

14 ブラフマン…ヒンズー教の三大神の一つで絶対的な存在。またバラモン教の哲学概念で宇宙の最高原理。

15 大乗仏教…西暦紀元前後頃インドに起こった仏教運動やその教理。「大乗」は大きな乗物の意で、出家、在家を問わず、すべての人を救う広大な教えを指す。

16 『マトリックス』…一九九九年、ウォシャウスキー兄弟監督、アメリカ。仮想現実空間を創造して世界を統べるコンピュータに主人公が立ち向かうＳＦ映画。

17 護摩焚き…インドで派生した密教の修行の一つ。不動明王や愛染明王を本尊として護摩（願いを書いた木片）や線香を大きな鉢の中で燃やし、発生する煙を体に浴びて祈願する。

18 音楽などを効果的に使って…筆者は、音楽ならびに、特殊な音源による、脳内情報処理への介入的な内部表現書き換えの研究を続けているが、これらの研究成果の一部を、筆者のHPに変性意識生成を促したり、臨場感体験を強化する音源としてアップする予定である。

19 五禽戯…古代中国で編み出された健康法で、虎、鹿、熊、猿、鳥の五種の動物の動きを真似ることで身体を鍛える。

20 道教…古代中国から派生した原始宗教で、現在は中国の民間宗教。黄帝・老子を教祖として不老長寿を願い、巫術、禁忌などの方技術数から、儒家、陰陽家などの理論、観念を取り入れている。三世紀後半以降、いくつかの宗派に分岐するが、現在は全真教と五斗米道の二宗派が主流となっている。

21 純粋経験…自身の先入観、思想を排して世界のありのままを体験する。

22 天台智顗（Tendai Chi-i 538-597）…中国の天台宗の開祖。主著の『法華玄義』『法華文句』『摩訶止観』は、天台三大部といわれている。日本では、平安初期に最澄が伝え、その後の日本仏教の母体となった。

23 『現代語訳　天台小止観』…関口真大訳、大東出版社、一九七八年。

24 一念三千…天台宗の基本教理。人の一瞬の心の中に、三千世界、すなわち森羅万象が含まれているという考え方。止観は、一念三千を体得する業である。一念三千は、一念が三千世界を生み出すという唯識派的な解釈がなされることが多いが、これは誤りである。天台智顗による『摩訶止観』には「一念が先にあって三千が後にあるのでもなく、三千が先にあって一念が後にあるのでもなく、一念が根源となって三千を想起させる関係でもなく、一念が一時には三千を包含している同時的関係でもないと説明している」（『一念三千とは何か』菅野博史著、第三文明社、一九九二年）。一念と三千はともに縁起の関係にあるものであると解釈ができる。日蓮も一念三千を教説の中心に置き、独自の法華経観を展開した。

25 1／fのゆらぎ…電気的導体に電流を流すとその抵抗値が一定ではなく、不安定にゆらいでいることから発見された。語源はパワースペクトルが周波数をfに反比例することから。ろうそくの炎、川のせせらぎなどの自然現象から脈や心臓の鼓動といった生体現象にも「1／fゆらぎ」が確認されている。

26 第46野…大脳新皮質の前頭連合野の背外側部の46野は、ノルアドレナリン受容体が豊富にあり、脳の最高司令部であり、ワーキング・メモリーのセンターである。五感からの情報や記憶が一時的に蓄積される部位である。

27 二人の生理周期が一致…一九七一年、シカゴ大学の生理学者マーサ・マクリントック博士が寮生を対象に行った実験で、人間のフェロモンの作用により、一緒に生活する女性の生理周期が同期してくる現象を発見して、ネイチャー誌に発表している。

28 ミルトン・エリクソン（Milton.H.Erickson 1901-1980）…催眠療法と短期の介入的心理療法の世界的第一人者。弟子が記録した臨床例を収録したミルトン・エリクソン述『ミルトン・エリクソンの心理療法セミナー』（ジェフリー・K・ゼイク編、宮田敬一訳、成瀬悟策監訳、星和書店、一九八四年）。『ミルトン・エリクソンの心理療法——出会いの三日間』（ジェフリー・K・ゼイク編、中野善行、青木省三監訳、二瓶社、一九九三年）。『ミルトン・エリクソン入門』（ウィリアム・ハドソン・オハンロン編、森俊夫、菊池安希子訳、金剛出版、一九九五年）。

29 行動主義（behaviorism）…アメリカの行動心理学者ジョン・B・ワトソンが提唱した考え方で、心理学の対象を意識や精神構造だけでなく、客観的観察や数量的計測の可能な行動と関係付けて研究する立場。パブロフの犬でお馴染みの、「条件付け」にもとづく学習理論などでも有名。

30 カール・ロジャース（Carl Rogers 1902-1987）…アメリカの心理学者。「クライアント中心療法」を提唱した。『ロジャース選集（上・下巻）』（カール・R・ロジャース著、H・カーシェンバウム／V・L・ヘンダーソン編、伊東博、村山正治訳、誠信書房、二〇〇一年）。

31 ブリーフセラピー（brief psychotherapy）…フロイト派の一年以上に渡る長期的なカウンセリング方法に対して、一九六〇年代にジョン・ウィークランドとリチャード・フィッシュを中心としたグループにより創始された短期的な心理療法。カール・ロジャースの非指示的な患者へのアプローチと違い、エリクソンは指示的立場をとったため、特に短期の介入的心理療法と呼ばれる。

32 ファンクショナリズム（functionalism）…人間の心は、無数の関数（ファンクション）の集合からできているという立場。認知科学の基本的な立場である。ただし、このファンクションは、容易に記号的に記述できないものであるというのが、現代的な認知科学の立場である。人工知能研究では、人間の認知のファンクションを解明し、それをコンピュータ上で稼働させることにより実現できると考えられていた。

33 二元論（dualism）…宇宙の根本原理を精神と物質の二実在とする考え方。哲学者ルネ・デカルトが主張した心身二元論などはその代表例。絶対確実な心理を発見するために、すべてを疑うことで自身の精神の存在を確実としている。

34 ストロングＡＩ（strong AI）…ファンクショナリズムをベースに、人間の知能は記号的に記述できるというところから発展し、その記号的記述をコンピュータソフトウェアとして構築することで、人工知能はできるという立場。結果的にはこの試みは失敗しており、現在はファンクショナリズムを信じる認知科学者の間でも、純粋な記号的記述は難しいと考えられている。

35 コネクショニスト（connectionist）…一九八〇年代半ばにカーネギーメロン大学（ＣＭＵ）を中心に発展した、神経回路網を単純化して真似たモデルによる情報処理の考え方をとる学派。非線形的な代数モデルを利用し、音声認識などで顕著な成果を上げ、当初は人工知能研究はコネクショニストの台頭で終了するとまでいわれた。また、ストロングＡＩに対して強力な反論のベースともなった。実際は、コネクショニストモデルでは、人工知能で必要な高次的な記号処理が実現できないため、人工知能での利用は限定的となっている。いわゆる「ニューロ」といわれる言葉は、コネクショニストを指している。ちなみに、筆者もＣＭＵでコネクショニスト研究に没頭していた時期がある。

36 唯心論（spiritualism）…哲学で、世界の本体である根元的実在を精神的なものとする立場。プラトンのイデア説、ライプニッツのモナド説などから、フッサールの認識論的な立場まで、常に西洋哲学が持ち続けてきている基本的な考え方の一つ。インド仏教哲学における唯識派も、同様な唯心論的立場をとっているが、本書における唯識という言葉の意味合いは、1）個人の「心」を超えた存在としての「識」、つまり情報論的「識」。2）アラヤ識も識そのものも縁起による空性が本質であるという中観的「識」、を前提としている。

第二章

37 弛緩法…自律訓練法などの変性意識を利用したリラクゼーションや、自律神経の調整などの方法として発展。特にロバート・デ・ニーロやアル・パチーノなどの名優を輩出したアメリカのアクターズスタジオが、モスクワ芸術座の演出家だったスタニスラフスキーの役の奥深くにある感情や行動の論理の方法論（メソッド演技法）を導入するために採用したことで、演劇の訓練法としても広まった。

38 下丹田…臍下四から十センチあたりにある要所で、別名気海（きかい）ともいわれ、精気が集中すると考えられている。内臓をコントロールする太陽神経叢に相当する説がある。

39 『共感覚者の驚くべき日常』…リチャード・E・シトーウィック著、山下篤子訳、草思社、二〇〇二年。

40 カタレプシー（catalepsy）…筋肉の一部、あるいは全体が硬直して、自身の意志で操作できなくなる現象として知られている。催眠状態や緊張病性昏迷、ヒステリー状態に見られる。本書では、これを内部表現の切り離しによるものとして説明する。

41 デイヴィッド・ベッカム（David Beckham 1975-）…イギリスのサッカー選手。イングランド代表の中心選手で、二〇〇二年の日韓ワールドカップで日本でも一躍人気者になり、〇三年にはスペインリーグの強豪レアル・マドリードに入団するなど話題を振りまく。

第三章

42 ゲシュタルト（gestalt）…ドイツ語で「統合」の意。精神の働きは、感覚や感情などの要素の単なる集合ではなく、一つの構造的全体性を持つ形態であるとする。自身の喜怒哀楽を気付かせることで、抱え込んでいる悩みや問題を解決するゲシュタルト療法などがある。

43 ジェームス・ブレイド（James Braid 1795-1860）…イギリスの医師。一八四〇年、「メスメリズム」の研究を始め、光などの眩しいものを見続けると瞼が重くなることを発見。ギリシャ語で「眠り」を意味する「催眠（ヒプノシス）」と命名した。

44 ヒルガード（Ernest Ropiequet Hilgard 1904-2001）…スタンフォード大学元教授。元心理学科長。スタンフォード大学心理学科をアメリカのトップ学科の一つに育て上げた著名な心理学者である。一九五〇年代には催眠の科学的な研究を行い、それまで非科学的にとらえられていた催眠現象に科学のメスを入れた業績で知られる。スタンフォード催眠研究所の創立者でもある。ちなみに、マッカーサー将軍の招聘で心理学者として、戦後の日本の教育システムの非軍事化（demilitarization）に携わったことは余り知られていない。一九三〇年イエール大学心理学博士（Ph.D.）。

45 ユーイン・キャメロン（Donald Ewen Cameron 1901-1967）…「デパターニング」という洗脳方法や、LSDと録音メッセージの繰り返しを利用した「サイキックドライビング」などの洗脳方法などを発明した精神科医。カナダの病院でCIA予算で洗脳研究をしていたことが、洗脳研究の被害者の息子であった、アメリカのイエール大学卒業の精神科医ハービー・ワインスタインによって暴かれた。

46 ラポール（rapport）…精神療法において、治療者と患者の間に気持ちの通じ合う共感的関係ができること。疎通性。

47 fMRI（functional magnetic resonance imaging）…機能磁気共鳴イメージング装置。磁気共鳴を利用することで、脳の活動状態を高解像度で撮影することができる。一九九〇年代初頭のハーバード大学医学部マサチューセッツ総合病院の研究チームによって確率された方法論。放射性物質を必要とせず、実験を何度も繰り返すことができ、脳機能研究の中心的な道具となっている。

48 PET（positron emission tomography）…陽電子放射断層X線写真撮影装置。核医学領域において生理的活性物質を標識して、その挙動を機能画像としてとらえる最先端の医療機器で、脳や心臓に疾患がないか診断することができる。これを改造して、fMRIと同様に機能イメージングにも利用されている。放射性物質を利用してのイメージングであるため、被験者の身体への影響から、多数回の実験を行えない欠点がある。

49 ドーパミン（dopamine）…交感神経節後繊維や副腎髄質に含まれるノルエピネフリン（ホルモンの一種）という物質とともに生体内アミンの一種であるカテコラミンという物質の一つで、神経伝達物質として独自の働きを示すと考えられている。興奮状態に陥ると、脳の深部から発生し、脳中枢で欠乏するとパーキンソン症状を発生する。

第四章

50 インド哲学の「唯識」の根幹…インド仏教哲学におけるいわゆる唯識派の考え方は、このような考え方ではなく、西洋的な唯心論に近いものである。また、唯識派では、認識の母体となるアラヤ識は、時間を超えて実在しているというアートマン的な立場でもあるので、本書における動的な関係で生み出される内部表現という立場とは異なる。本書の理論的ベースは、「アラヤ識」も「マナ識」も、そして「識」そのものも、その本性は「空」であるとする中観的立場において整合性が維持される。

51 導引…道家の養生法。身体の屈伸や呼吸法によって長命を得る術。荘子の「導気令和、引体令柔」（気を導いて和せしめ、体を引いて柔せしむ）に由来する説がある。

52 布気…気の服用に重点を置き、寿命を延ばすために体内に気を巡らせる気功法。

53 プラシーボ（placebo）…アメリカの麻酔医ヘンリー・ビーチャーが発見した療法で、ラテン語で「慰める」という意。患者に効果があると思い込ませることで、脳内のエンドルフィンを促して病気を治したり、気分をリラックスさせたりするとされる。

54 張永祥老師（1950-）…世界医学気功学会理事、故田中角栄首相の治療のために初来日。現在、日本に長期滞在中で、全日本気功師会の会長を兼任している。道家張派秘伝功を継ぐ宗家。近著は、初心者向けに秘伝功のエッセンスを書いた『ぷるぷる健康法』（たま出版、二〇〇三年）。

55 樋口教授…樋口雄三。東京工業大学教授。精神神経免疫学を専門とし、気功の科学的研究の世界的権威。

56 三昧…仏教語で「何ものかに心を集中することによって、心が安定した状態に入ること」という意。精神を集中し、心身を安定させること。

第五章

57 エドワード・ハンター（Edward Hunter 1902-1978）…アメリカの新聞記者。一九五〇年に『マイアミ・デイリー・ニュース』紙にて、旧中国共産党の思想改造教育を「ブレイン・ウォッシュ」と命名。主著『洗脳――中共の心理戦争を解剖する』（福田実訳、法政大学出版、一九五三年）。

58 赤狩りの時代…国家権力が共産主義者や社会主義者をとらえたり、公職や会社などから追放して弾圧すること。

59 ロールプレイング…（role playing）…心理学で、現実場面を想定し、期待される役割を自由に演じさせるもの。元来は心理療法に用いられていたが、現在では企業の社員教育などに取り入れられている。

60 貴乃花（1972-）…元横綱。本名花田光司。十両、幕内、大関など数々の史上最年少記録を塗り替え、兄である元横綱若乃花と共に空前の大相撲ブームを巻き起こした。二〇〇三年一月引退。現在は貴乃花親方として後進の指導に当たっている。

61 Toshi（1965-）…人気ロックバンドX JAPAN（エックス・ジャパン）の元ボーカル。一九九七年に脱退後はソロ活動に入る。

62 レムリア…（株）「レムリア・アイランド・レコード」。MASAYA氏が主催する自己啓発セミナーとして知られる。

63 黄檗宗…もとは中国の臨済宗に含まれていたが、日本の臨済宗と教義が異なるため一八七六年、一宗として独立。

64 反セクト法…二〇〇一年にフランスの国民議会が国民をカルトの脅威から保護するために制定。『カルトか宗教か』（竹下節子著、文春新書、一九九九年）に詳しい。

65 born again…アメリカで、成人してから特定の信仰に強く目覚める者を指す。現アメリカ大統領ジョージ・ブッシュはborn againプロテスタント。

66『仏教の再生』…山崎龍明著、大法輪閣、二〇〇三年。現代を代表する識者の親鸞観を批判し、混迷・停滞を続ける現代日本人の思想性と信仰への誤解を指摘したノンフィクション。

第六章

67 信者に自殺を促すものである…自殺を促すアンカー発見と除去の経緯については、『洗脳原論』（苫米地英人著、春秋社、二〇〇〇年）に記述されている。

あとがきにかえて

　一九九五年当時、私は自らの専門知識を駆使して、公安警察に協力して極秘でオウムなどの犯罪捜査を手伝っていた。しかし、ある出来事をきっかけに、警察の行っていたことが誤りであると確信するに至った。当時はサリン事件直後だったので、警察も「超法規的」なことをやらざるを得なかった時代だ。しかし、私はどうしても納得できず、警察内部にもそのことについて指摘してきたが、結局無視され、さらにはそういった言動から、逆に私の立場が危うくなってしまった。その結果、私は公安当局に反旗を翻すこととなった。

　周囲の人間は「公安を敵に回すと冗談でなく命が危ない」、「日本の極左だってそんな無謀なことはしない」と、本気で心配して制止してくれたが、私は自分の信念に従って行動した。もちろん、危険を承知でだ。しかし当然のごとく私は、警察内部の逆鱗に触れ、「苫米地英人を逮捕しろ」という意見が噴出したり、国会で自治大臣にまで苦言を呈されるほどに発展してしまった。

私にとってそれは、社会的に大失敗であった。当時の公安警察だけでなく、私がかつて公安警察と結託していたことに感付いて私を敵視していた左翼ジャーナリストたちまで、公安の後ろ盾を失った私を潰しにかかってきたからだ。彼らは私が脱洗脳していた信者達への取材要請を寄越し、それを断ると猛然とした態度で「取材対象の独占」だとか「報道の自由だ」といった大義名分を掲げて私を攻撃してきた。私としては、脱洗脳事実は公安との約束で極秘だったので、何も反論できないまま、一部の左翼ジャーナリストに悪口を書かれ、いわれもない非難を受けたのである。

公安とジャーナリストの両方から、私に対する世論操作が行われ、しかも、マスコミと繋がっていたオウムの隠れ在家信者たちも、ここぞとばかりに攻撃してきたのだから堪ったものではない。まさに四面楚歌だったわけだ。

「公安を一人で敵に回した人も日本の歴史上いない」どころか、「公安と左翼の両方を同時に敵に回すなんて、頭がおかしいんじゃないのか」と周囲からいわれたものだ。

それでも私はこうして生きているし、今では堂々と出版もしている。数多く携わってきた脱洗脳記録もいまだ無敗記録を更新している。結果的には、私は自分の信念を貫くことに成功したのである。ただ、当時の私の行動のために、現場と全く関係ない警察トップが責任問題で辞任沙汰になってしまったりと、様々な人間に迷惑をかけたことは、大変申し訳なく思っている。

ところで、「頭がおかしいんじゃないの」と周囲の人間から呆れられ、逮捕どころか命が危ないとまで脅かされても、信念を曲げずに行動したのは、私の頭がおかしいからではなく（異論を唱える人がいるかもしれないが）、洗脳技術で自らをあらゆる外部影響から自立させることができたからだと考えている。大体、当時の状況では、オウムを敵に回していること自体が怖いもの知らずといえなくはない。今でもよく「苫米地さんは怖いものが何もないのか？」などと聞かれるぐらいである。

当時の私の論理は「人権」だった。それも犯罪者であるとか、被疑者であるとか一切関係のない、妥協のない「人権」だ。実際は、あらゆる社会的規制により、憲法でさえ一部「人権」を限定する言い訳がある日本で、当時私が主張していたことは「この世の論理」ではなく、「あの世の論理」だったかもしれない。ただし、私は文字通り、社会的生命どころか物理的生命さえも省みず、一切の権力に屈せずに行動した。「あの世の論理」を信じて、一切の圧力や権力、そして身の危険にも屈せず「自立」して行動する。私はこれこそが本来の意味での宗教的行動だと思っている。

私は洗脳の技術を自らに果たせば、どのような権力にも脅かしにも屈しない。もちろん、巧妙な精神操作にも負けない自我の自立が可能であることを、自分自身の人生で証明してきたのではないかと思っている。結局、警察もその後の内部調査で、私の言い分をそれなりに理解してくれたようだ。

最後になるが、願わくば、本書がカルトや悪徳商法、そしてテロ国家の攻撃から皆さんを守り、二十一世紀の洗脳戦争を勝ち抜く力となれば幸いである。そして、皆さんの一人一人が常に与えられた価値観を自己脱洗脳して吟味できるようになれば、二十一世紀の日本人が戦争を引き起こすなどということは、絶対にないと信じて筆を擱く。

謝辞

本書の執筆には、天台宗の荒了寛大僧正、高野山真言宗の織田隆深大阿闍梨、世界医学気功学会理事、全日本気功師会会長の張永祥老師の貴重な時間をいただいたことに、ここで謝意を表する。

特別付録

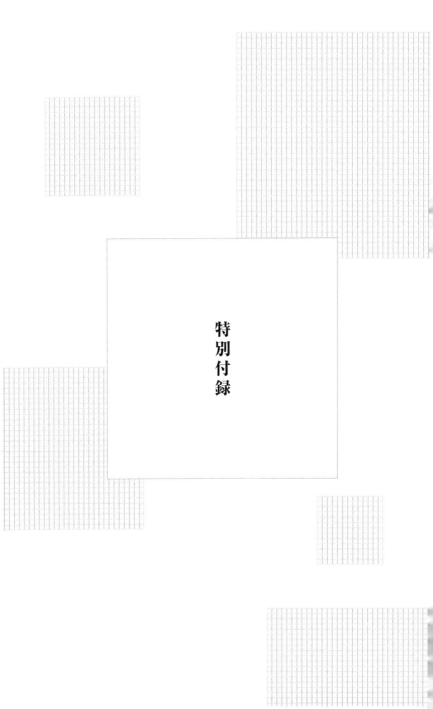

◉状況は現在と酷似

本書『洗脳護身術』の初版が発行されたのが二〇〇三年の十月。私はその序章において、以下のように書いている。

「戦争は絶対に避けなければならない――。／そんな当たり前のことを、9・11以降のアメリカ人の大半が見失っている。」

「問題はイラクのフセイン政権が誤っているとか、アメリカ民主主義が正しいとか、どちらが正しくどちらが誤っているということではない。現在でいえば、北朝鮮の専制君主軍事国家主義よりも、アメリカ民主主義の方が正しいに決まっている。問題なのは、アメリカ人のほぼ全員が、アメリカ民主主義を強く信じていることだ。／『正しいこと』を皆が強く信じる。それの何が問題なのか？　『正しいこと』が正しければ正しいほど、そしてそれを強く信じる人口の割合が高ければ高いほど、『誤ったこと』を徹底的に排除しようとするから問題なのだ。その結果、絶対に避けるべき戦争さえもが、言い訳が付けられて堂々と行われる。どれだけ正しいことであっても、人口の大半がそれを信じてしまうと、とんでもないことが起きるのである。／半世紀少し前に広島、長崎に原爆を落としたときもそうだったのだろう。」

「正確には、アメリカ民主主義をアメリカ国民が強く信じていることが問題ではない。これは思想であり、建国の精神であり、信じることが当然の抽象的な概念である。危惧すべき点は、その抽象的な言葉を利用して、原爆投下やベトナム侵攻、イラク侵攻などの個々の事柄について、国民が一方的な判断に乗せられているということである。『正しい』思想、主義、宗教であっても、国民の圧倒的大多数が信じることが危険なのは、そのプリンシプルを具体的な事象に適用するときに、プリンシプルの解釈の権限が一つの政治権力に集中するからである。」

これは本書にも書かれていることなので繰り返しになるのだが、重要なことなのであえて抜き出した。読者諸氏はどうお読みになっただろうか。

この序章が書かれた二〇〇三年とは、アメリカを中心とした多国籍軍（有志連合）がイラクに侵攻し、イラク戦争が開始された年である。サダム・フセイン大統領の独裁政権下にあったとされるイラクが大量破壊兵器を保有している疑いがあるとの理由で「イラクの自由作戦」と命名された作戦のもと、侵攻が開始された。

私には、この二〇〇三年の状況と現在（二〇一七年）の状況が非常によく似ているように思えてならない。ジョージ・ブッシュがドナルド・トランプに、イラクが北朝鮮に、サダム・フセインが金正恩に変わってはいるが、状況、そしてアメリカ国民の信じる「正しいこと」は非常によく似ているように見える。

また、「正しいこと」を皆が強く信じることによって、「誤っていること」を徹底的に排除しようという空気も強くなっている。テロを撲滅するのは「正しいこと」だ。そのために、テロリストを排除するのも「正しいこと」だ。しかし、すべてのイスラム教徒、あるいは移民自体を排斥すること、ましてや白人以外の人を差別の対象とし、徹底的に排除することとなるといかがなものであろうか。あるいは、国民の雇用を促進するのは「正しいこと」だ。移民によって国民の雇用が奪われているというのも、アメリカ国民の側から見れば事実かもしれない。しかし、「だから移民を排斥せよ」「国境に壁を建設せよ」となるとどうだろうか。

本書は、初版刊行当時以上に、今の時代にこそ役立つ一冊であることがわかると思う。

●北朝鮮問題と洗脳

この原稿執筆時現在（二〇一七年五月）、日本の外交における最大の関心事の一つとして北朝鮮問題がある。北朝鮮は弾道ミサイルの発射実験を繰り返しており、金正恩政権は「アメリカに核ミサイルを撃ち込める」と発言するなど、アメリカに対する挑発行為を加速させている。これに対して、トランプ大統領は空母カール・ヴィンソンを北朝鮮近海に派遣し、北朝鮮の核開発、ミサイル開発に対して毅然とした態度を示すなど緊張が高まっている。日本でも連日、「米朝開戦はあるのか」という文字が、マスコミを賑わせている。

先ほど述べたように、「サダム・フセインは悪い奴だから、イラクを潰せ」という論理と「金正恩は悪い奴だから、北朝鮮を潰せ」という論理は非常によく似ているように見える。サダム・フセインも金正恩も国家の独裁者であり、アメリカ的自由主義から見ればどこからどう見ても「悪」である。しかし、だからといってすぐに「北朝鮮を潰せ」「先制攻撃だ」「やられる前に叩け」という論理に結びつけることには疑問を感じる。

日本と北朝鮮との間には「拉致問題」という大きな課題がある。だが、領土問題は存在しない。「拉致問題」は、少なくとも建て前としては、国家と国家の問題ではないということになっている。北朝鮮は国家としての関与を否定しており、「北朝鮮国家とは関係ないどこかの悪い奴が勝手にやったこと」というのが建て前だ。だとすると、事実はともかく、表面上は外交問題というよりは、警察権の問題ということになる。

もちろん、日本政府が北朝鮮政府に対して「拉致被害者を帰せ」「帰さないのなら、経済制裁するぞ」と主張することは、警察権行使のための（あるいは、北朝鮮に対して正当に警察権を行使させるための）駆け引きとしてはアリである。しかし、アメリカが北朝鮮を攻撃する際にサポートするという行為は、警察権の行使とは言い難い。

「あの国を潰せ（攻撃しろ）」という声が大きくなる背景には、政府の背中をつつく人たちがいるのが常である。イラク戦争のときには、アメリカの軍需産業とそこから利益を得られる人たち、さらには「復興需要」を見込んだ復興産業に関わる人たちだった。「北朝鮮を潰せ」と政府の背中をつついている存在が誰なのか、現段階では明言できないが、そうした存在がいることは確実である。そして、もし多くの国民が「北朝鮮を潰せ」という論調を受け入れているとしたら、それはまさに「自身の利益のために」政府の背中を押している人たちによって「洗脳」されていることになる。

「いや、洗脳などされていない。私は自分の考えで『悪い国、北朝鮮を潰せ』と言っているのだ」と反論する人もいることだろう。しかし、これが反論にならないことは、本書の序章をはじめ、すでに何度も語ってきたことである。すなわち、「洗脳されている人間は自分が洗脳されているとは思わない」ということだ。

◉アメリカが日本に発するメッセージとは

アメリカ軍が北朝鮮への備えとして、空母カール・ヴィンソンを派遣したことは先ほど述べたとおりだ。これには、アメリカ政府の大きなメッセージが込められていると考えられる。一つは、カール・ヴィンソンがテロ組織アルカイダの指導者ウサマ・ビンラディンを水葬した空母だということだ。「このまま核実験やミサイル実験を続ければ、金正恩もビンラディンと同じ末路を辿ることになるぞ」という強いメッセージが込められている。

実はもう一つ、日本に向けられた重要なメッセージが込められていることも読み取らなければならない。それは、なぜすぐ近くにいる第七艦隊ではなく、わざわざアメリカ本土から別艦隊を呼び寄せたのかということだ。シリアとの二正面作戦も視野に入れた上での作戦と見る向きもあるようだが、北朝鮮に第七艦隊を派遣しても、シリアでの局面には何ら影響は与えないはずだ。

では、なぜ第七艦隊を使わなかったのか。それは「この戦いは日本とは関係ない」という強いメッセージを日本に伝えるためだ。つまり「アメリカと北朝鮮との戦いは、日米安保の枠組みとはまったく別の戦いである」と伝えたかったのである。なぜ、アメリカは「日本とは関係ない」と言うのか。それは「日米安保によって当然のように戦うわけではない。アメリカはアメリカの威信を懸け、命を懸けて北朝鮮と戦う」という意思表示なのだ。そして、「だから、日本は我々アメリカに恩を感じなければならない」という理屈になる。

次に来る言葉はこうだ。

「だから日本は、相応の費用を負担すべきである」

◉北朝鮮をめぐる周辺国の思惑

「北朝鮮を潰せ」という論理が正当化されつつある中、周辺各国の本音はどのようなものなのだろうか。

まず、アメリカの本音は「新型兵器の威力を試したい（性能を見せつけて売りたい）」と「軍事物資の在庫一掃セールをやりたい」だろう。いずれにしても、経済の論理だ。輸送機から落とす「ＭＯＡＢ（モアブ）」攻撃もやりたいはずだ。ＭＯＡＢは非核兵器で最強と言われ、地下六十メートルまで破壊できるという。非核兵器ながら、核爆発のようなきのこ雲が出る。もちろん、本気で攻撃するときには、巡航ミサイル、空爆、ＭＯＡＢ攻撃、そして制空権を取るために通信を止めるサイバー攻撃などがほぼ同時に行われることになるだろう。その後、原子力潜水艦から特殊部隊が上陸し、金正恩を捕縛。処刑し、カール・ヴィンソンで水葬するというのが、一連のシナリオと考えられる。

トランプ大統領は「北朝鮮の国家体制を変える意図はない」とか「軍事施設だけを狙う」といった発言をしているが、本音は「北朝鮮を潰したい」「新たな親米国家を建設したい」

と思っているはずだ。

では、韓国はどう考えているのか。韓国の本音は「北朝鮮を潰すなんてやめてくれ」だ。一つには「もともと同じ朝鮮人なのだから」という感情論があろう。ただ、それとは別に、もっと切迫した理由がある。それは「本格的な戦争になったら、ソウルが危ない」ということだ。ソウルと南北境界線（三十八度線）とは、最短で三十キロメートルほどしか離れていない。この距離なら、ミサイルなどいらない。大砲で十分だ。実際、二〇一七年四月、北朝鮮は過去最大規模の砲撃訓練を行った。ソウルならこれで十分というメッセージだ。

北朝鮮がソウルを砲撃してきたらアメリカも黙ってはいないはずなので、「ソウルが火の海になる」といった事態にまでは至らないだろうが、それでも数百発の砲弾を撃たれれば、ソウル市内はかなりの被害を被ることになる。大砲は指揮命令系統が麻痺していても、現場の判断で撃つことができる。アメリカ軍のサイバー攻撃等によって、北朝鮮の指揮命令系統に支障があっても、いやそうなればむしろ、現場がやけっぱちでソウルに砲弾を撃ち込んでしまうかもしれない。韓国としては、そんな事態はどうしても避けたいはずだ。

また、仮に北朝鮮がアメリカによって潰されると、そこにはアメリカの傀儡政権、少なくとも親米の国家が誕生することになる。アメリカから見た韓国の地位は、相対的に下がることになる。これも韓国にとってはマイナス要素しかない。

中国はどうか。中国も北朝鮮に潰れてほしくない。今の北朝鮮の場所に、親米政権の国、事実上のアメリカによる傀儡国家ができるのは、中国にとっては非常によくないことだ。その国には、当然、アメリカ軍が駐留し、アメリカ軍基地が置かれることになろう。中国にとって、鴨緑江（北朝鮮との国境の川）の向こうにアメリカ軍が駐留しているなどという事態だけは避けたいはずだ。

ロシアはどうか。ソ連時代に密接な関係にあった北朝鮮だけに、現在でも経済的なつながりは小さくない。それと同時に、中国と同じ理由で北朝鮮が親米国、アメリカ軍基地のある国になってしまうのは困る。ウラジオストックのすぐ目の前に、アメリカ軍基地があるなどという状態にはしたくないはずだ。

◉日本の論理

では、日本はどうだろうか。「悪い北朝鮮は潰せ」と考えている人も少なくないのではないだろうか。あるいは「北朝鮮は日本に向けてミサイルを撃ってくるかもしれない。やられる前に叩いてしまえ」と思っている人も、意外に少なくないかもしれない。

もし北朝鮮が日本にミサイルを撃ち込んできたらどうなるか。「日本にはＰＡＣ－３などのミサイル防衛システムがあるから大丈夫」と思うだろうか。実は、ミサイルが現実的に飛んできたとき、しっかりと撃ち落とせるかどうかは微妙だ。おそらく、数発なら撃ち落とせるだろう。しかし、同時に（あるいはごく短時間に）何百発も撃ち込まれたら、すべてを迎撃することはできない。ミサイルが日本本土に一発でも着弾すれば、たいへんなことになる。そんな事態は、絶対に避けなければならない。

また、アメリカと北朝鮮が本格的な戦争状態になれば、その混乱に乗じて中国が尖閣諸島に進出してくることが十分に予想される。北朝鮮と本気で戦っているアメリカが、尖閣諸島に上陸したという理由だけで、中国とも本気で戦争をするとは思えない。つまり、アメリカと北朝鮮が本格的な戦争になったとたん、尖閣諸島は中国の手に落ちることになるのだ。中国に実効支配されてしまえば、日本はもうなすすべはない。竹島と同じで、いかに正論を吐こうが、実効支配している事実には勝てない。事実上、尖閣諸島は中国のものになってしまうのだ。

そして、北朝鮮という国家がアメリカによって消滅させられれば、先ほども述べたように、アメリカは日本に対して金銭的な要求をしてくるはずだ。北朝鮮の復興費用も日本が出すべきだと言い出すかもしれない。日本にとって目障りだった北朝鮮をアメリカが潰してあげたのだから、多少の金銭的負担は当然だという論理である。日本はいわゆる「思いやり予算」の何倍ものお金を、アメリカに支払うことになるだろう。

ここまで理解した上で、それでも「北朝鮮を潰せ」と思うだろうか。そうはならないはずだ。「北朝鮮を潰せ」と本音で思っているのは、いま見てきたようにアメリカだけだ。他の周辺国はそれぞれ、北朝鮮が潰れてしまっては困る大きな理由をもっている。「アメリカが北朝鮮を潰すこと」を期待する日本人は少なくないようだが、それは無知ゆえである。さらに「同盟国アメリカの戦争に日本が手助けするのは当然だ」と考えている日本人も少なくないようだが、それは日本がアメリカの全面戦争に引きずり込まれることを意味する。これを「OKだ」と考えるのは、完全に「洗脳」されているからである。

◉原子力行政と洗脳

話題を国内に向けることにしよう。二〇一一年三月十一日、我々は東日本大震災とそれに伴う大津波、そして津波による福島第一原子力発電所の事故という、未曽有の災害に見舞われた。特に原子力発電所の事故は、それまでの原発安全神話を覆し、人々に大きな不安と恐怖をもたらした。ところが、その記憶も新たなうちに、安倍政権は「原発再稼働」の方針を打ち出し、実際に各原発で再稼働の動きが着々と進んでいる。人間の学習能力というものはどれほど低いのかと、改めて驚かされる。

これは何も政権だけの問題ではない。自由民主党が原発推進党であることは周知の事実であり、安倍晋三首相も事あるごとに「原発再稼働」の方針を明らかにしている。それでも国民は、この原発推進党を政権に選んだのである。

日本の電力はこれまで、火力発電で足りなかったことは一度もない。つまり原発など不要なのである。いらないにもかかわらず、「必要だ」と思い込まされ、原発再稼働に賛成（再稼働すると言っている政党に多くの人が投票）してしまう。これぞまさに「洗脳」のなせるワザである。

原子力発電に絡んでは、東芝の粉飾決算問題が明るみになり、日本を代表するほどの大企業である東芝が、企業存亡の危機に陥っている。この問題で最も責任が重い三人の歴代社長がいるのだが、いずれも検察は不起訴処分としてしまった。起訴しても裁判で勝てる可能性が低いと踏んでのことだが、そもそもこうした経済事件犯罪を通常の刑事事件犯罪と同等に扱っていること自体がおかしい。経済事件は、起こった段階で大きな損失が発生しているので、強い権限をもって直ちに起こっている犯罪をやめさせなければいけない。そうしないと、被害者の被害が拡大する可能性が高いからだ。まずは、おかしなことをやめさせること。懲罰うんぬんはそのあとである。

ところが、日本の「証券取引等監視委員会」は「日本版ＳＥＣ」などと呼ばれているにもかかわらず、実際には本場のＳＥＣと比べて、あまりにも権限がなさすぎる。東芝の歴代三社長について、証券取引等監視委員会は、東芝のバイセル取引は事実上の部品預託取引と判断し、「歴代三社長が深く関与した疑いがある」「当期利益をかさ上げする目的で意図的」と厳しく指摘したにもかかわらず、検察は不起訴としたのである。

検察は、通常の裁判と同様の手続きで起訴した場合、証拠不十分などで無罪になる可能性が高いと踏んで、不起訴としたのだろう。それはわからないでもない。しかし、「当期利益をかさ上げする目的で」行われ続けたバイセル取引は、その事実を知らない投資家に大きな損害を与える可能性が高い(実際、その後、株価は暴落している)。個人の刑事罰云々の前に、その行為自体をとにかく早急にやめさせなければならないのだ。

だから、本家アメリカのＳＥＣには、逮捕権まで認められている。裁判で有罪にできるかどうかよりも、目の前で行われている不正をやめさせることが最優先と考えるからである。これは非常に理にかなっている。刑事罰を与えるかどうかは、過去に起こった犯罪についての話である。現在形で行われている不正によって被害者が出ている状態を放置すれば、今後も被害者が増えることになる。それを防ぐのがＳＥＣの仕事だと理解しているのだ。

ところが、日本版ＳＥＣと言われる証券取引等監視委員会には、逮捕権どころか、ルールを決める権限すらない。「不正が行われていますよ」と指摘することしかできないのだ。検察にしたら、「たかが金融庁の下部組織ごときが何を言っているのだ。実際に裁判をするのは私たちだ」ぐらいに思っているのかもしれない。だが、経済犯罪を通常の刑事事件と同様に扱うのは、犯罪の継続を許すことであり、経済被害者を増やすことになるのだ。

そもそも、なぜ東芝の歴代三社長は不起訴になったのか。本当に証拠不十分なのか。ここには、原子力行政の闇が絡んでいる。東芝がアメリカのウェスティングハウス（ＷＨ）を子会社化した背景には、単なる経済問題（東芝の利益）だけではなく、政治的な部分がかなり潜んでいる。簡単に言ってしまえば、東芝は儲からないとわかっていながらも、政府の原子力政策に協力する形でＷＨを子会社化したのだ。ＷＨで利益が出なくても、他で政府から埋め合わせしてもらえるなら、それでいいと考えたのだろう。しかし、ＷＨは予想以上の赤字となってしまったうえに、国の原子力政策も二転三転する。東芝は「話が違う」と思いながら、迷走することになってしまった。

ここにも、原子力発電に関する「洗脳」がかかわっている。本来、日本の電力は火力で十分に足りており、原発は必要ない。事実、「すべての原発」が止まっていたにもかかわらず、日本の電力が供給不足で停止したという話は聞かない。震災直後はパフォーマンスで「計画停電」なるものを実施したが、実際にはまったく必要なかった。「火力発電では地球温暖化が進む」「火力より原子力の方がコストが安い」「今は大丈夫でも、中国が南シナ海を支配し、日本のシーレーンが奪われたら日本のエネルギー輸入は止まる」……こうした反論もあろうが、これらはすべて「洗脳」である。これらの洗脳は強力で、我々日本人は福島第一原発事故を経験したにもかかわらず、原発推進党に投票してしまうという選挙行動を繰り返している。

東芝もこの洗脳にやられてしまっていた。「原子力こそが利益を生む」「原子力発電が世界のエネルギー問題を解決する」「日本政府は原発推進を続ける（これはそのとおりだが）」といった、洗脳による思い込みが原子力事業中心の企業経営に走らせ、やがて不正をしなければやっていけないほどの損失を生み出すことになってしまったのだ。

◉正しい情報は正しい情報を与えることによって得られる

では、私たち国民は権力者による強力な洗脳に対して、どのように対処していけばいいのか。具体的かつ詳細な対応法については、本書で述べてきたとおりである。ここでは、もう少し根本的、かつ抽象度の高い見方を提示しておこう。

権力者による洗脳から逃れるために最も重要なのは、情報の選別である。ただし、これは簡単なことではない。情報には「ファーストクラスの情報（一次情報）」「セカンドクラスの情報（二次情報）」「サードクラスの情報（三次情報）」「それ以下の情報」がある。「ファーストクラスの情報」とは、関係者との意見交換など、当事者が直接発信している情報のこと、「セカンドクラスの情報」とは、ニュースソースは明らかだが、当事者から直接得たのではなく、当事者から得たという別の人から得た情報のこと（当事者は表に出てこない）、「サードクラスの情報」とは、セカンドクラスの情報を引用した情報のこと、「それ以下の情報」とは、サードクラス以下の情報をさらに引用した情報のことだ。当然ながら、「ファーストクラスの情報」が最も信憑性の高い情報であり、「セカンドクラス」「サードクラス」……と下がっていくにつれて、情報の信憑性は下がっていく。

理想はサードクラス以下の情報を用いず、自ら調べることなのだが、これが難しい。当事者から得られるファーストクラスの情報なら確実だが、そうした情報を得られる機会は、特に一般人の場合、あまり多くはない。いや、マスコミであっても、今の日本のマスコミであれば、よくてもセカンドクラス、その多くはサードクラス以下である。

さらに、自身が得た情報がどのクラスの情報なのかわかりにくいという問題もある。出所が書かれているので、セカンドクラスの情報かと思いきや、その出所自体がどこからか引用した情報の可能性もある。さらに、その引用元がどこかから引用しているなど、孫引き、ひ孫引きがあちこちで行われている。ネットの情報などは、ほとんどがサードクラス以下だ。伝言ゲームを思い出してもらえばわかるが、間に人を介せば介すほど、情報が歪められる確率は高まる。

セカンドクラスの情報だと思っても安心はできない。情報の媒介者がすでに歪めて発信しているかもしれない。

先ほど、マスコミの話をしたが、本来、新聞記者のようなマスコミはファーストクラスの情報のみを発信すべき存在である。自身が得た情報がセカンドクラス以下だと思ったら、必ず「裏取り」と呼ばれる取材を自らの足で行う。関係者に当たって、直接、証言を得る。それが得られれば、ファーストクラスの情報として発信できるわけだが、現在のマスコミ、新聞記者らはほとんどこれをやらない。その理由は二つある。一つは彼らが「サラリーマン」であることだ。サラリーマンは上司の言うことには服従しなければならない。そうしないと出世できない（給料が上がらない）し、下手をすれば職を失うことにもなりかねない。もう一つは、記者たちに取材力がないこと。ファーストクラスの情報を手に入れる力がないのである。そんな人たちがマスコミを名乗るのもおかしな話だが、記者クラブなどのコミュニティで得られた情報をそのまま発信すれば、取材なしで記事が書ける上に、上司のおぼえもめでたくなる。マスコミは、政府が加工済みの「北朝鮮を潰せ」「原発は必要」「国の借金で円は紙くずになる」といった洗脳情報にしかアクセスできない。

そんな状態の新聞を読んだり、テレビのニュースを見たりする意味があるだろうか。いや、意味があるどころか、これらを読んだり、見たりすることは有害ですらある。間違った情報で洗脳されるくらいなら、ない方がましである。もしどうしても新聞を読んだり、テレビを見たりしたいなら、彼らが何を言っているのかを知るためだけにすべきである。けっして、彼らの主張を無批判に信じたりしてはいけない。「A新聞は、この案件についてこう述べている」という事実を確認するだけに留め、内容自体は常に疑ってかかるべき、少なくとも「どんな意図で書かれたのかな」と考えながら読むべきである。

では、マスコミが信じられないのであれば、私たちは信頼できる情報をどのようにして得ればいいのだろうか。

まずは、一つの案件について、常に複数の情報源から情報を得るように心掛けることだ。同じ事柄でも、人によって（あるいは、メディアによって）真逆の評価をしていることも少なくない。複数の視点を得ることで、信頼できる情報に辿り着ける確率は上がる。しかし、「北朝鮮を潰せ」「原発は必要」「国の借金で円は紙くずになる」といった情報は、日本のほぼすべてのメディアが述べている嘘だ。こういった場合は、なかなか手ごわい。

理想は、前にも述べたとおり、自らファーストクラスの情報を得る努力をすることだ。難しいが、不可能ではない。少なくとも、その努力を怠らないことは非常に大事なことだ。

では、どうすればファーストクラスの情報を得ることができるのか。

多くの人は「情報はタダ」だと思っているかもしれないが、そうではない。これは「情報をお金で買え」という意味ではない。重要な情報はバーター取引でやり取りされるということだ。つまり、いい情報を得たいなら、あなたがいい情報をもって、その情報を相手に与えなければならないということだ。いい情報をもっていると、その情報を得たい人はあなたに別のいい情報をくれる。情報とは、そうやって交換されるものなのだ。

いい情報がほしければ、いい情報を発信せよ。正しい情報がほしければ、正しい情報を発信せよ。これが情報を得るための極意であり、洗脳から身を守るための究極奥義でもあるのだ。

［著者プロフィール］

苫米地 英人（とまべち・ひでと）

1959年、東京生まれ。認知科学者（機能脳科学、計算言語学、認知心理学、分析哲学）。計算機科学者（計算機科学、離散数理、人工知能）。カーネギーメロン大学博士（Ph.D.）、同CyLab兼任フェロー、株式会社ドクター苫米地ワークス代表、コグニティブリサーチラボ株式会社CEO、角川春樹事務所顧問、中国南開大学客座教授、苫米地国際食糧支援機構代表理事、米国公益法人 The Better World Foundation日本代表、米国教育機関TPIジャパン日本代表、天台宗ハワイ別院国際部長、公益社団法人自由報道協会 会長。
マサチューセッツ大学を経て上智大学外国語学部英語学科卒業後、三菱地所へ入社。2年間の勤務を経て、フルブライト留学生としてイエール大学大学院に留学、人工知能の父と呼ばれるロジャー・シャンクに学ぶ。同認知科学研究所、同人工知能研究所を経て、コンピュータ科学の分野で世界最高峰と呼ばれるカーネギーメロン大学大学院哲学科計算言語学研究科に転入。全米で4人目、日本人としては初の計算言語学の博士号を取得。帰国後、徳島大学助教授、ジャストシステム基礎研究所所長、同ピッツバーグ研究所取締役、ジャストシステム基礎研究所・ハーバード大学医学部マサチューセッツ総合病院NMRセンター合同プロジェクト日本側代表研究者として、日本初の脳機能研究プロジェクトを立ち上げる。通商産業省情報処理振興審議会専門委員なども歴任。現在は自己啓発の世界的権威、故ルー・タイス氏の顧問メンバーとして、米国認知科学の研究成果を盛り込んだ能力開発プログラム「PX2」「TPIE」などを日本向けにアレンジ。日本における総責任者として普及に努めている。著書に『仮想通貨とフィンテック～世界を変える技術としくみ』（サイゾー）、『「感情」の解剖図鑑: 仕事もプライベートも充実させる、心の操り方』、（誠文堂新光社）、『2050年 衝撃の未来予想』（TAC出版）など多数。TOKYO MXで放送中の「バラいろダンディ」（21時～）で木曜レギュラーコメンテーターを務める。

苫米地英人 公式サイト http://www.hidetotomabechi.com/
ドクター苫米地ブログ http://www.tomabechi.jp/
Twitter http://twitter.com/drtomabechi (@DrTomabechi)
PX2については http://bwf.or.jp/
TPIEについては http://tpijapan.co.jp/
携帯公式サイト http://dr-tomabechi.jp/

苫米地英人コレクション1
洗脳護身術

2017年10月31日　初版第一刷発行
2024年 4 月11日　初版第四刷発行

著　　者　　苫米地英人
発 行 者　　武村哲司
発 行 元　　株式会社開拓社

〒112-0013 東京都文京区音羽 1-22-16
電話 03-5395-7101（代表）
https://www.kaitakusha.co.jp/

印刷・製本　中央精版印刷株式会社

ISBN978-4-7589-7051-8